KB097885

종교의 흑역사

우리가 지금까지 몰랐던
절반의 세계사

 오무라 오지로 지음 | 송경원 옮김

종교의 흑역사는 언제나 '돈'이 만들어 왔다

종교의 역사를 이야기할 때 결코 빼놓을 수 없는 것이 하나 있다. 바로 '돈'이다. 예로부터 종교와 돈은 맞물려 돌아가는 두 개의 톱니바퀴와 같았다.

'유대 자본'이라는 말을 들어본 적이 있는가? 유대 자본은 '유대교를 믿는 유대인 기업과 유대인 투자자들이 움직이는 돈'을 말한다. 이 막대한 자본은 오늘날 세계 경제에 막강한 영향을 미친다. 유대교를 믿는 사람들은 어떻게 이렇듯 어마어마한 자본을 얻었을까? 이는 그들의 종교인 유대교의 역사와 관련이 깊다.

현재 세계 경제의 구조는 서구인들이 짜놓은 판에 의해 돌아

간다. 15세기에 시작한 대항해 시대 이래, 서구인들은 전 세계에 상선과 군함을 보내 세계 경제의 패권을 잡았다. 이 또한 기독교와 이슬람교의 역사와 관련이 깊다. 기독교와 이슬람교는 서로 많은 영향을 주고받으며 중세부터 근대까지 날카롭게 대립해 왔다.

대항해 시대 이전, 여러 기독교 국가들은 이슬람 지역을 피해 아시아와 아프리카의 생산물을 수입하려 했다. 그러려면 태평양과 대서양의 항로 개척이 필요했다. 결국 서구 국가들은 "전세계에 기독교를 포교한다"라는 명분을 내세워 지구상의 모든 지역을 침략하고 약탈했다. 물론 종교도 얌전히 침략의 명분이 되어 주기만 한 것은 아니다. 종교와 돈의 관계는 이런 과정을 거치며 더욱 긴밀해졌다. 이 책에서는 그 흑역사를 따라가 보고자 한다.

과거에 나는 국세조사관이었다. 국세조사관은 법인이나 개인이 탈세를 했는지 하지 않았는지 조사하는 일을 한다. 전직 국세조사관의 눈으로 보자면, 종교 법인만큼 돈에 욕심을 부리는 곳도 없다.

돈에 탐욕스러운 것은 사람들이 보통 생각하는 것처럼 신흥종교뿐만이 아니다. 유서 깊은 사찰의 고승이라도 돈에 깨끗한 사람은 보지 못 했다. 국세조사관이라는 일을 하면서 훌륭한 종교인도 욕심에 짓눌려 산다는 사실을 피부로 느꼈다. 이러한 경험을 살려 이 책에서는 조금 더 객관적이고 냉철한 시점에서 종교와 돈의 관계를 분석해 보려 한다.

돈은 종교와 종교인이 생긴 이래 세계 수많은 나라의 수많은 역사를 좌지우지해 왔다. 종교가 큰 비중을 차지했던 과거뿐만 아니라, 현재까지도 영향을 미친다. 그래서 '종교의 돈'이 어떻게 흐르는지 알면 세계사의 흐름도 쉽고 명쾌하게 정리된다. 또한 역사는 반복되기에 현대 시대의 흐름을 읽는 데도 큰 도움이 될 것이다.

아마 이 책을 덮을 즈음에는 그동안 잘 알지 못했고 관심도 크지 않았던 종교 속 돈이 역사에서 얼마나 큰 역할을 해 왔는지 깨닫게 될 것이다. 이 책이 독자에게 세계사를 바라보고 해석하는 새로운 시각을 제공하기를 바란다.

오무라 오지로

2장 | 신의 이름으로 비즈니스를 하다

기독교

3장 | 세금을 두고 국가와 권력 다툼을 한 종교

개신교

4장 | 나라 안 최고의 재벌이 된 사찰들

불교

5장 | 수로 하나 때문에 400년간 싸운 종파들

이슬람교

6장 | 종교 싸움에서 시작해 자원 싸움으로

현대의 종교 갈등

나오며

1장

성경을
어기고
돈놀이를
시작한 사람들

유대교

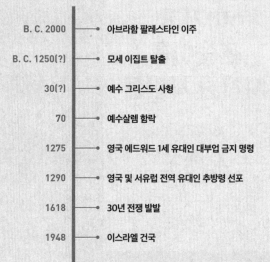

B. C. 2000	아브라함 팔레스타인 이주
B. C. 1250(?)	모세 이집트 탈출
30(?)	예수 그리스도 사형
70	예수살렘 함락
1275	영국 에드워드 1세 유대인 대부업 금지 명령
1290	영국 및 서유럽 전역 유대인 추방령 선포
1618	30년 전쟁 발발
1948	이스라엘 건국

세계에서 가장 오래된 종교

기독교, 이슬람교, 불교를 가리켜 흔히 '세계 3대 종교'라고 한다. 그중 기독교와 이슬람교에는 큰 공통점이 있다. 바로 '유대교를 시조로 한다'라는 점이다.

기독교와 이슬람교는 모두 유대교에서 파생되었으며, 유대교의 《구약 성경》을 경전으로 삼는다. 세계 3대 종교 중 2개의 종교가 유대교라는 같은 뿌리에서 나온 것이다. 유대교는 현존하는 종교 가운데 가장 오래된 축에 속한다. 토속적인 종교를 제외하면 세계에서 가장 오래된 종교라고 본다.

유대교를 믿는 유대인은 '돈을 잘 번다'라는 이미지가 강하지만, 원래 유대교는 '서로 돕는 정신', '우상숭배 금지' 등의 가르침을 중시한다. 우상숭배 금지란 누군가를 신격화해 숭배해서는 안 된다는 뜻이다. 그래서 유대교에서는 율법을 만든 모세조차 결코 신격화하지 않는다. 유일신인 하나님 이외의 어떤 신 앞에서도 절하거나 섬기지 않는다. 이러한 유대교의 가르침은 기독교와 이슬람교에도 계승되었다.

이집트 탈출부터 떠돌이 민족이 되기까지

유대인은 지금부터 약 4,000년 전에 지금의 팔레스타인 지방에 살던 사람들을 시조로 한다. 그들은 유대교라는 종교를 낳고 《구약 성경》을 편찬했다. '아담과 이브', '노아의 방주', '십계명'과 같은 기독교에서 유명한 일화들은 원래 유대교의 이야기이다.

《구약 성경》 속에서 유대인은 인류의 조상인 아담과 이브의 자손으로 기록된다. 역사적 사실로서는 기원전 2000년경 메소포타미아의 우르 지역(현재의 이라크 남부)에 살던 아브라함이 사람들을 이끌고 가나안 땅(현재의 팔레스타인)으로 이주했으며, 이것이 유대 민족의 출발점이 되었다.

유대 민족은 가나안 땅과 그 주변에서 유목생활을 하다가, 기원전 1600년경에 이집트로 이주했다. 그러나 이집트에서는 노예로 살 수밖에 없었다. 기원전 1250년경(유대교 기준) 예언자 모세가 노예로 살던 유대인들을 인솔해 이집트에서 탈출한 후 가나안에 다시 터전을 잡았다. 그러나 가나안 주변에 메소포타미아의 아시리아 제국, 신바빌로니아 왕국, 고대 로마 제국 등 강대한 국가들이 차례로 출현하면서 유대인들은 끊임없이 압박에 시달리게 된다.

서기 70년, 마침내 고대 로마 제국의 공격으로 예루살렘이 함락되면서 유대인은 나라를 잃고 전 세계로 흩어졌다. 그 뒤로 1948년에 이스라엘을 건국하기까지 유대인은 나라 없는 '방랑의 민족'이 되었다.

유대인은 오랜 역사 동안 모든 땅에서 소수자이자 이교도였기 때문에 종종 박해와 추방을 당했다. 그때마다 유대인은 그들을 받아 주는 곳을 찾아 전 세계를 떠돌았다.

약 4,000년에 달하는 긴 역사 동안 방랑생활을 이어가면서도 유대인은 결코 유대교를 버리지 않았다. '유대교의 신앙'이라는 신념 하나로 유대 민족은 4,000년이나 유지했다.

덧붙여 현대 이스라엘 국가에서 '유대인'은 꼭 고대 유대 민족의 혈족이 아니어도 된다. 유대교를 믿는 사람이면 된다. 그래서 현대 유대인은 백인, 흑인, 중동인, 아시아인 등 다양하다.

4천 년 전에도 합리적이었던 열 가지 규칙

유대교에는 마땅히 지켜야 할 열 가지 규칙이 있다. 바로 '모세의 십계명'이다. 십계명은 영화에서도 소재로 쓰였고 일상에서도 자주 사용되는 말이므로 한 번쯤은 들어 봤을 것이다.

십계명이라 하면 아주 엄격한 계율이라고 생각하는 사람이 많지 않을까 싶다. 실은 모세의 십계명은 합리적이면서 느슨하다. 십계명의 내용은 다음과 같다.

제1계명. 너는 나 외에는 다른 신들을 네게 두지 말라.

제2계명. 너를 위하여 새긴 우상을 만들지 말고 (중략) 그것들에게 절하지 말며 그것들을 섬기지 말라.

렘브란트의 〈십계 판을 든 모세〉(1659)

제3계명. 너는 네 하나님 여호와의 이름을 망령되게 부르지 말라.

제4계명. 안식일을 기억하여 거룩하게 지키라.

제5계명. 네 부모를 공경하라.

제6계명. 살인하지 말라.

제7계명. 간음하지 말라.

제8계명. 도둑질하지 말라.

제9계명. 네 이웃에 대하여 거짓 증거하지 말라.

제10계명. 네 이웃의 집을 탐내지 말라.

제1계명은 '신은 오직 하나뿐(유일신)'이라는 뜻이다. 토속 신앙에서는 여러 신들을 섬기고 숭배하는 경우가 있는데, 이를 그만두라는 것이다. 즉, 비합리적이고 토속적인 신앙은 버리라는 말이다.

제2계명은 이른바 '우상숭배 금지'로, 누군가를 신격화하거나 누군가의 상을 만들어 신으로 모시고 숭배하지 말라는 뜻이다.

제3계명은 간단히 말해 '힘들 때마다 함부로 신을 찾지 말라'는 뜻이다.

제4계명은 '일주일에 한 번 있는 안식일(하던 일을 중지하고 쉬는 날)에는 다른 일을 하지 말고 푹 쉬라'는 말이다.

제5계명, 제6계명, 제8계명은 문자 그대로의 뜻이다.

제7계명은 한마디로 '불륜을 행하지 말라'는 뜻이다.

제9계명과 제10계명은 '이웃(주변) 사람에게 거짓말을 하거나 문제를 일으킬 만한 일을 해서는 안 된다'라는 뜻이다.

이를 보면 사회생활에 필요한 일반적인 규칙이며, '안식일을 지켜라' 등 건강을 배려한 규칙도 있어 엄격하기만 한 계율이라고는 말할 수 없다. 요컨대 '어려울 때만 신에게 기대거나 찾지 말고, 건강을 챙기고, 부모를 공경하며, 사람을 죽이거나 물건을 훔치지 말고, 주변 사람들과 잘 지내라'는 말로 볼 수 있다.

유대교에서는 십계명 말고도 '가난한 자에게 베풀어라' 등을 중요한 규칙으로 여긴다. 이러한 규칙들은 사회를 안정시키는 데도 중요한 역할을 했다.

십계명의 합리성, 유대교의 강력한 원동력

유대교의 가르침은 이처럼 매우 합리적이었다. 이런 합리성이 바로 유대교가 4,000년이나 이어져 올 수 있는 원동력일 터이다.

유대교에는 여러 종파가 있는데, 십계명 외에도 지켜야 할 규율이 세세하게 정리된 종파도 있다. 그렇지만 십계명은 어느 종파에서든 지켜야 할 기본 사항이다. 유대교에서 정한 이 십계명은 기독교와 이슬람교에서도 '기본 규칙'이 되었다.

유대인은 언제부터
부자가 됐을까?

유대인은 경제 사회에도 커다란 영향을 미쳤다. 유대인은 그들의 정교한 금융 구조, 비즈니스 구조를 이용해 전 세계 각국 경제에서 중추 역할을 맡아 왔다. 세계사에 등장하는 여러 경제 대국의 이면에는 반드시 유대인이 있었다.

셰익스피어의 희극 《베니스의 상인》에서 유대인은 교활한 고리대금업자로 묘사된다. 근대 상업 은행의 아버지라 불리는 로스차일드Rothschild 역시 유대인이다. 이들은 아주 오래전부터 금융업, 대부업에 종사했다. 기록에 남은 세계에서 가장 오래된 대부업체는 기원전 6세기 바빌로니아의 '무라슈 상회'이다. 여기에 자금을 댄 유대인 70명의 이름이 아직도 남았다. 기원전 5

세기 이집트의 오래된 파피루스 문서에도 유대인들이 대부업을 했다고 기록되었다.

유대인들은 고대부터 환전, 환율 등의 분야에서도 크게 활약했다. 이는 고도의 기술이 필요한 분야로, 오늘날에도 금융의 핵심이다. 전설적 투자자로 불리는 조지 소로스George Soros 역시 환차익(환율 변동으로 인해 발생하는 이익)으로 막대한 이익을 얻었다. 어떻게 유대인은 전 세계 금융 분야에서 두드러진 활약을 보이게 되었을까? 이는 그들의 '이산離散', 즉 '전 세계로 흩어짐'과 관련된다.

유대인들은 고대부터 율법에 따라 1년에 반 세겔*을 교회에 헌납해야 했다. 이는 《구약 성경》에 '가난한 자에게 베풀어라', '수확물 10분의 1은 신의 것' 등으로 기술된 내용에서 비롯된 규칙이며, 나중에는 기독교의 '십일조'로 이어지는 제도이다.

다양한 화폐의 유입

그 무렵 유대인들은 이미 뿔뿔이 흩어졌기 때문에 각 나라의 다종다양한 화폐가 유입되었다. 이러한 다양한 화폐를 사용

• 대략 연 수입의 10퍼센트 정도, 세겔은 유대교에서 쓰던 무게의 단위로 1세겔은 11.42그램이며, 은과 금이 통용됐다. 1세겔은 노동자 4일치 임금에 해당되며, 금 1세겔은 은 15세겔에 해당한다.

하려면 환전이 필수였다. 환전상이 발달할 수밖에 없던 요인이다. 환율 제도가 없던 당시에는 화폐의 환전은 한마디로 '업자마음대로'였다. 업자들은 환전으로 큰 이익을 냈다.

환전상은 환전뿐만 아니라 대부업도 했다. 당시 유대인들 사이에서는 돈을 빌려주고 이자를 붙여 되돌려 받는 일이 금지되어 있었다. 그러나 다른 나라 사람들에게 돈을 빌려주는 일은 묵인되었다. 각국의 사람들이 모여드는 환전상에게는 대부업을 겸하기에 더할 나위 없이 좋은 조건이었던 셈이다. 그렇게 유대인 환전상 중에서 막대한 부를 가진 사람들이 생겨났다.

모두가 유대교를
혐오하자 생긴 일

유대인들은 오랫동안 소수자이자 이교도인으로서 박해를 받았다. 십자군 원정 때는 유대인 거주지를 때때로 습격당했으며, 13세기에는 영국으로부터 추방당했다.

영국이 내린 유대인 추방 조치를 서양의 여러 나라들도 차례로 따랐다. 추방되지 않더라도 '게토ghetto'라고 불리는 거주지에 반강제로 갇혀 지내며 시민권도 제한되는 경우가 많았다(다만, 모든 지역에서 그렇지는 않았다).

유대인이 서양 국가들의 다른 민족처럼 시민권을 얻는 시점은 프랑스 혁명 이후이다. 유대인은 그들을 받아 주는 곳을 찾아 전 세계를 떠돌았다. 유대인 특유의 뛰어난 돈벌이 수완을 상징하는 단어인 '유대 상법'은 방랑의 민족이라는 그들의 성질과 크게 관련된다. 유대 자본 역시 방랑의 민족이 낳았다고 할 수 있다.

그들에게 방랑한다는 말은 곧 각 지역의 정보를 많이 가졌다는 뜻도 되었다. 세계 각지에 친척과 지인이 거주하기에 네트워크를 만들기 쉬웠다. 유대인에게 전 세계에 뻗어 있는 네트워크는 없어서는 안 될 무기였다. '한 나라에 정착하지 않는다', '모국이 없다'라는 점은 역설적으로 모든 국가를 객관적으로 바라보는 시각을 주었다. 그러한 관점으로 유대인들은 여러 지역의 문화와 물건을 다른 지역으로 옮기는 역할을 했다.

인도의 계산 방법을 유럽에 소개하고, 아라비아 숫자를 동양과 서양에 보급한 사람도 유대인으로 알려져 있다. 또 커피, 담배를 유럽에 널리 퍼뜨린 사람도 유대교 상인이었다. 그동안 세계 금융 거래 시스템 개발에 유대인은 큰 역할을 해왔으며, 이 시스템을 구축한 사람도 유대인들이라고 해도 과언이 아니다.

박해의 역사는 고대부러 시작됐다

유대인이라고 하면 대개는 나치의 박해를 반사적으로 떠올릴 것이다. 또 유대인이 받은 박해라고 하면 나치의 전매특허처럼 생각하는 사람도 많다. 하지만 실제로는 그렇지 않다. 유대인 박해는 2,000년 전부터 존재했다.

1세기 이후 기독교는 유럽에서 급속하게 퍼졌고, 그와 함께 유대교에 대한 박해도 시작되었다. 예수는 유대인이었지만, 예수를 죽인 것도 유대인이었으므로, 결국 유대교는 기독교의 적이 된 것이다(자세한 내용은 나중에 다시 살펴보기로 하자). 그 뒤로 유대인들은 박해로 얼룩진 역사의 길을 걷게 된다.

십자군은 원정 전에 유대인 거주지를 습격해 군자금을 징수했다. 기독교에서 종교 개혁을 일으킨 마르틴 루터 Martin Luther 또한 반유대주의자로, 유대인을 무자비하게 박해했다.

게토라 불리는 유대인 거주지는 15세기부터 만들어졌다. 그리스도를 믿는 중부 유럽인들은 유대인들을 좁은 지역으로 강제로 이주시키고, 그곳에서 나가지 못하게 했다. 또 '유대인 상점에서 물건을 사지 마라', '유대인과 성관계를 맺으면 화형에 처한다', '유대인은 다윗의 별을 가슴에 달아야만 한다' 등도 당시 유럽 종교 회의에서 정한 사항이었다.

유대인의 여러 권리를 박탈하고 결혼과 출산도 제한하는 일은 상당수의 기독교 국가가 해 온 일이다. 이런 박해는 유대인의 정신 형성에도 큰 영향을 미쳤다. 자세한 내용은 앞으로 소개하겠지만, 유대 상인에게도 박해는 명확하게 드러난다.

유대인을 차별하기 위해
생겨난 '이것'

유대인에게는 셰익스피어의 희곡 《베니스의 상인》에 등장하는 샤일록으로 대표되는 '교활한 대부업자'라는 이미지가 씌워져 있다. 사람들이 유대인을 박해하는 이유 중 하나이기도 하다. 실제로 유대인에는 대부업자가 많았는데, 유대교의 역사를 요인으로 꼽을 수 있다. 유대인들이 상업, 금융업에 뛰어난 수완을 발휘하는 이유는 고대 로마로부터 나라를 잃은 일과 관련된다는 것이다.

유대인이 나라를 잃기 전, 그들의 생업은 대부분 농업이었다. 당시 팔레스타인의 유대 농민들에게는 물을 논밭에 대는 관개灌漑가 잘 정비된 농업 기술이 있었다. 덕분에 양질의 보리,

대추야자, 포도, 올리브, 무화과 등을 생산하고 있었다. 나뭇진에서 얻은 송진으로 원료, 접착제, 향료 따위를 만드는 발삼은 똑같은 무게의 금과 교환되었다.

그러나 자기 땅에서 쫓겨난 유대인들은 농사를 포기할 수밖에 없었다. 그렇다고 유대인들이 곧바로 금융업으로 방향을 튼 것은 아니다. 유대인 대부분은 비단 직물 직공, 염색업자, 재단사, 도축업자, 유리 직공, 대장장이 일을 하며 생계를 꾸렸다. 이러한 기술직은 전통적으로 유대인들에게 능숙한 일이었다. 하지만 유대인들은 머지않아 이런 직업도 잃어버리고 만다.

길드의 탄생

7세기 무렵, 서유럽에서 '길드'가 탄생했다. 길드란 직업상의 이익을 지키기 위해 동종 직업 종사자들이 모여 만든 모임을 말한다. 오늘날의 동업자 조합과 비슷하지만 그 권리는 훨씬 강했다. 길드는 자신들의 이익을 지키는 동시에 도시를 유지하기 위한 비용을 냈기에 강한 힘이 있었다. 상인뿐만 아니라 수공업자, 직공의 길드도 생겨났다. 길드에 가입하지 않으면 그 직업을 가질 수 없는 차단 제도이기도 했다.

이러한 조직은 동업자 간의 서약을 통해 결성되는데, 기독교를 매개로 하기 때문에 유대인은 들어갈 수 없었다. 그 결과 유대인들은 여러 직업에서 사실상 쫓겨나게 되었다. 이런 이유로 상당수 유대인들이 대부업을 하게 된 것으로 알려진다. 대부업에 뛰어든 사람들은 자산가나 부르주아만이 아니라 하인이나 하녀에 이르기까지 다양했다.

그들은 돈이 어느 정도 생기면 그것을 다른 사람에게 빌려주고 이자를 받아 생활했다. 대부분 친척이나 지인과 결속해 자금을 마련하고 그 돈으로 대부업을 영위했다. 그래서 적은 돈으로도 대부업을 할 수 있었다.

기독교도 그렇지만 원래 유대교도 대부업을 공공연히 용인하지는 않았다. 어느 쪽이든 다른 종교와 마찬가지로 '가난한 자를 착취해서는 안 된다'라는 가르침이 있었기 때문에 대부업으로 재산을 쌓는 일은 바람직하지 않게 여겼다. 그래도 기독교인이든 유대인이든 대부업 종사자는 있었다. 그리고 현대와 마찬가지로 빚에 시달리는 사람들도 많아 종종 사회 문제가 되곤 했다.

그런 배경 속에서 1139년 제2차 라테란 공의회(가톨릭교회의 세계 회의)에서 기독교인의 고리대금업을 금지했다. 이는 《신약 성경》에 나오는 폭리를 금하는 기술, 이를테면 '아무것도 기대하지 말고 빌려주어라'라는 내용 등에 따른 것이다. 유대교에도 《구약 성경》에 '가난한 자에게는 이자를 받지 말고 돈을 빌려줘야 한다'라는 내용이 있어 표면적으로는 이자를 받는 일은 금지되어 있었다.

그러나 11세기 프랑스에서 유대교의 지도자 요셉 벤 사무엘 드 엘렌이 "우리 유대인은 국왕과 귀족에게 세금을 내고, 생활비도 벌어야 하므로 대부업을 금지하지 않는다"라는 취지의 견해를 내놓았다. 그 뒤로, 유대인들은 공공연하게 대부업을 생업으로 삼았다.

이 무렵 유대인의 콜로니(집단 거주지) 중에는 대부분의 사람들이 대부업을 하는 곳도 있었다. 유대인 대부업은 처음에는 전당포로 시작해 나중에는 궁정이나 귀족에게 돈을 빌려주는 곳까지 나타났다.

결국 추방당한 유대인들

기독교가 대부업을 금했지만 언제나 돈이 필요한 사람은 있었다. 그런 사람들은 유대인에게 돈을 빌릴 수밖에 없었다. 유대인 대부업의 이율은 30~60퍼센트로, 오늘날 사채업보다도 높았다. 게다가 복리 계산이어서 조금만 변제가 늦어도 갚아야 할 돈이 빌린 원금의 몇 배로 불어났다. 당연히 빚을 갚을 수 없는 상태가 되거나 재산을 빼앗기는 사람이 생겼다. 이는 결국, 유대인을 향한 증오를 낳았다.

1275년 영국의 국왕 에드워드 1세 Edward I 는 유대인의 대부업을 금지했다. 그 대신 유대인들이 농업이나 기타 산업에 종사하도록 했다. 그러나 유대인들은 충분한 땅을 받지 못했고, 길드에서도 추방당한 상황이었기 때문에 몰래 대부업을 이어 갔다. 그러다가 국왕의 분노를 샀고, 1290년 유대인들은 영국 추방 명령을 받았다.

다른 서유럽 나라도 영국에 이어 차례로 유대인을 추방했다. 그렇게 금융업은 유대인의 역사를 관통하는 '방랑'과 '이산'의 요인 중 하나이기도 했던 것이다.

떠돌이 유대인들의 활약

유대인은 방랑생활을 하면서 무역업과 금융업에 뛰어난 능력을 발휘했다. 그들에게 무역업은 천직이었다. 친척과 지인이 전 세계로 흩어져 거래처를 만들기도 쉬웠다. 또 세계 각지를 오가는 무역상이라는 직업은 박해를 받으면 바로 도망칠 수 있었다. 상당수의 유대인이 무역업에 종사하게 된 이유였다.

중세 기독교와 이슬람교가 격렬하게 대립하는 동안 유대인들은 양측을 오가며 무역을 했다. 유대인 무역상들은 대체로 양측으로부터 온당한 대우를 받았다. 유대인은 무역 중개업자로서 양측을 대변하는 역할을 했기 때문이다.

기독교권과 이슬람권은 표면적으로 대립했기 때문에 직거래

를 하기 어려웠다. 그러나 무역은 양측 모두에게 이익을 주는
일이었다. 그래서 그들은 유대 상인의 중개로 무역을 했다. 유
대 상인들이 양측을 오가며 물품을 교역시켰다고 해도 지나친
말이 아니다.

전세계 무역의 중심이 되다

유대인은 서구 여러 나라에 아랍 국가들의 진귀한 물품을 들
여왔고, 아랍 국가에는 비단, 향료 등을 들여왔다.

서유럽에서 추방된 유대인들은 13~15세기에 걸쳐 네덜란드
에 도달했다. 네덜란드의 세계 진출과 함께 유대인들도 중남미
의 브라질에 진출했다. 중남미의 설탕, 커피 무역에는 유대인이
중추적인 역할을 했다.

유대인의 활약은 북아메리카와의 무역에서도 두드러졌다.
1701년 미국 인구의 1퍼센트밖에 안 되는 유대인들이 무역업자
의 12퍼센트를 차지할 정도였다. 유대인들은 보석, 산호, 직물,
노예, 코코아 등의 무역을 주도했다.

이처럼 그들은 세계 무역사의 거의 모든 장면에서 등장한다.

양심 대신
돈을 선택한 결과

유대인 무역상들은 노예무역도 담당했다. 당시의 무역은 원칙적으로 물물교환이었다. 만약 상대방의 물품을 원하더라도 자신에게 교환할 만한 물품이 없을 때는 마지막 수단으로 노예를 이용했다.

노예무역에는 상당한 위험이 뒤따랐다. 기독교 국가는 유대인이 기독교인 노예를 소유하는 일을 금지했고, 이슬람 국가는 유대인이 이슬람교인 노예를 소유하는 일을 금지했다. 원칙적으로 유대인은 노예무역이 불가능했다. 그러나 유대 상인들은 감시하는 눈을 피해 노예무역을 이어갔다.

당시 노예무역은 북유럽과 스칸디나비아 등 슬라브 국가들의 비기독교인을 노예로 포획해 이슬람 세계에 수출하는 일이 주축이었다. 소년, 소녀, 거세된 남자를 가내 노동이나 하렘을 지킬 노예로 삼기 위해서였다. 9세기에는 한 번에 1만 4,000명의 노예가 실려 갔다는 기록도 있다.

당시에도 노예무역은 인도적 행위에 반한다는 사회적 인식이 있었던 듯하다. 기독교, 이슬람, 유대교 등 각 교회들이 노예무역을 금지하라고 호소했다. 그러나 노예무역은 10세기 슬라브 국가들이 기독교화가 되기 전까지 쇠퇴하지 않았다.

노예무역은 각국의 경제적 욕구를 충족시키는 한편, 표면적으로는 불법에 가까운 욕망이었다. 유대 상인은 고약한 역할을 떠맡았다고도 볼 수 있다. 노예무역의 실무를 담당했던 그들이 곱게 비칠 리는 만무했다. 유대 상인의 나쁜 이미지는 이런 일들이 쌓여 만들어졌다.

밀수로 부자가 된 사람들

유대인 무역상들은 때때로 밀수에도 손을 댔다. 유대인 부자들 중에는 밀수로 부를 축적한 사람들도 많다. 로스차일드 가문도 그중 하나이다.

근대 유럽의 역사는 곧 전쟁의 역사이다. 각국은 끊임없이 전쟁을 벌였고, 전쟁 중에는 당연히 물자의 수출입을 금지했다.

이는 이내 각국의 물자 부족을 불러왔고, 밀수를 막대한 이익을 낳는 장사로 만들었다.

나폴레옹이 이끌었던 프랑스와 영국 전쟁 당시 로스차일드가 밀수로 큰 이익을 얻은 사례는 매우 유명하다. 프랑스와 영국은 서로 경제적 봉쇄를 펼치고 있었는데, 로스차일드는 양측에 뇌물을 주면서 봉쇄 조치를 비껴 나갔다. 로스차일드는 이때의 자산을 밑천 삼아 세계적 은행가가 되었다.

미국의 남북전쟁 당시, 유대 상인의 밀수가 횡행했다. 남북전쟁에서는 당연히 남부와 북부 사이에 물자 이송이 금지였다. 그 때문에 북부에서는 남부에서 생산되는 면화가 크게 부족했고, 남부에서는 북부 공산품과 커피가 부족했다. 이러한 물자를 밀수하면 막대한 이익을 거둘 수 있기에 밀수업자가 수도 없이 생겨났다.

밀수업자 중에는 유대 상인들이 많았다. 당시 유대교의 랍비(종교 지도자)는 '밀수는 신의 이름을 더럽히는 행위'라고 거듭 비난했지만, 이는 거꾸로 당시 유대인의 밀수가 얼마나 많았는지를 보여 주는 말이기도 하다. 그래서 이 시기 미국에서는 반유대주의가 강했다.

천 년의 미움도
이기는 돈의 힘

중세 유럽의 왕족이나 귀족은 유대인을 고용하는 관행이 있었다. 이른바 '궁정 유대인'이라 불리는 사람들이다. 궁정 유대인들은 글을 읽고 쓸 줄 아는 데다 재무와 금융 지식을 갖추었고, 무엇보다 자금 조달 능력이 뛰어났다. 중세 유럽의 왕족 가운데 궁정 유대인을 두지 않은 사람은 거의 없었다고 한다. 또한 유럽뿐만 아니라 이슬람 국가에서도 궁정 유대인은 존재했다.

궁정 유대인은 중세 유럽의 금융에서 중요한 역할을 했다. 1618년 독일에서 30년 전쟁 Thirty Years' War 이 났을 때 오스트리아 합스부르크 왕가의 재정은 거의 빈사 상태에 빠져 있었다. 이를 구한 사람이 야곱 바세비 Jacob Bassevi 라는 궁정 유대인이다.

그는 30년 전쟁 동안 각종 특권을 누리는 대신 전쟁 비용을 조달해 합스부르크가를 지원했다.

야곱 바세비만이 아니라 30년 전쟁에는 많은 궁정 유대인들이 여러 유럽 국가에 관여했다. 유럽 강대국 모두가 이 전쟁에 참전했는데, 유대인들은 대부분의 나라에 전쟁 비용과 물자를 공급했다. 그들은 부실한 국가 자산을 활용하거나 주조 화폐의 질을 떨어뜨려 비용을 절감함으로써 전쟁 비용을 마련했다. 또 유대인의 국제 네트워크를 사용해 동유럽에서 식량 등 전시 물품을 조달하기도 했다.

유대인들은 다양한 특권을 부여받았고 징병당하는 일도 거의 없었다. 30년 전쟁 기간 동안 독일을 비롯한 유럽 국가들이 황폐해졌지만, 반대로 유대인들의 위상은 크게 높아졌다.

오스트리아에 배신 당한 오펜하이머

17세기는 궁정 유대인들이 가장 크게 활약했던 시기이다. 궁정 유대인 중에서도 가장 유명한 인물은 합스부르크 왕가를 섬긴 사무엘 오펜하이머Samuel Oppenheimer이다. 오펜하이머는 17세기 후반 두 번의 전란 때 합스부르크 왕가의 전쟁 비용 조달을 총괄했다. 유대인 거주지 이외의 곳에서도 거주할 권리를 부여받았고, 친척 100여 명과 함께 빈에서 생활했다.

궁정 유대인 사무엘 오펜하이머

그러나 그의 부귀영화는 오래가지 못했다. 전쟁이 끝나자 오스트리아는 오펜하이머에게 갚아야 할 채무의 상당 부분을 지불하지 않았다. 그가 직접 황제에게 호소했지만, 오히려 무고죄를 받아 보석금을 내기도 했다. 폭도들이 그의 집을 습격해 자산을 약탈해 갔지만, 정부는 범인의 체포에도 적극적으로 나서지 않았다.

오펜하이머가 사망하자 오스트리아는 끝내 거액의 채무를 지불하지 않았다. 그가 독일과 네덜란드 등에서 자금을 끌어 모아 국가에 빌려준 상황이었기 때문에, 이 채무 불이행으로 유럽에는 세계 최초로 꼽히는 금융 공황이 일어났다. 독일에서는 오펜하이머의 친척인 요제프 쥐스 오펜하이머Joseph Süß Oppenheimer도 뷔르템베르크의 대공을 도와 독재 국가 건립에 힘썼으나, 대공이 급사한 뒤 나라 재산을 사유화한 혐의로 체포되어 교수형을 당했다.

  지난 역사 동안 권력자들은 전쟁이 나면 전쟁 비용 조달을 위해 유대인들을 고용했다. 유대인들도 그 기회를 이용해 사회적 지위를 높였다. 하지만 전쟁이 끝나면 유대인은 권력자에게는 쓸모를 다한 존재가 되고, 민중에게는 증오의 대상이 되었다. 오펜하이머의 부귀영화와 곧 이어진 쇠락은 궁정 유대인의 전형적인 유형이기도 했다.

유대인이
증권을 만든 이유

현재 사용되는 금융 제도 중에는 유대인이 개발하고, 발명한 것이 많다. 예를 들어, 자본주의에 없어서는 안 될 '유가증권'을 발명한 사람도 유대인이다.

이미 말했다시피, 유대인들 중에는 금융업자가 많았는데 그들은 돈을 빌려줄 때 차용 증서를 채권으로 유통했다. 차용 증서를 팔거나 할인을 한 것이다. 이것이 서양 유가증권의 시작이라고 할 수 있다.

유대인에게 유가증권은 매우 중요한 재산이었다. 언제 추방당할지, 언제 재산을 몰수당할지 모르는 상황에서 자산을 '현물'로 가지는 일은 위험했다. 현물은 한번 빼앗기면 되찾을 수가 없기 때문이다. 그러나 유가증권은 그것을 가진 본인만 사용할 수 있기 때문에 빼앗길 염려가 없었다. 또 추방당할 때도 종이 한 장만 가지고 가면 된다. 유대인에게 유가증권은 여행자용 수표와 같았다.

그래서 증권거래소가 설치됐을 때 가장 적극적으로 참여한 이들은 유대인이었다. 그들은 네덜란드의 동인도 회사와 서인도 회사의 주식을 대량으로 보유했다. 영국 최초의 전문 주식 중개인도 유대인이라고 한다. 또 무기명 채권을 만든 사람도 유대인이었다.

중세에서 근대에 이르기까지 유대인이 갑자기 재산을 몰수당하는 일은 종종 벌어졌다. 특히 지중해 무역을 할 때 스페인 해군 등은 배나 선적물이 유대인의 소유임을 알게 되면 합법적으로 몰수했다. 그래서 유대인들은 해상 보험을 포함해 무역과 관련된 모든 서류에 허위로 기독교인 이름을 기재했다. 이것이 나중에 무기명 채권으로 발전하게 된다.

신용 대출을 시작한 사람도 유대인이라고 한다. 신용 대출은 담보를 잡지 않고 돈을 빌려 주는 제도이다. 담보의 가치로 대출할 금액을 정하는 것이 아니라 돈을 빌리는 사람의 신용도에 따라 대출 금액과 이자를 결정한다. 이로써 담보가 없는 사람도 사업 자금을 조달할 수 있게 되었다.

유대인이 없으면
스타벅스도 없었다?

유대인이 경제적으로 성공한 요인 중 하나로 유대인끼리 상
부상조하는 시스템을 꼽을 수 있다. 가난한 집에서 태어나 자
수성가하여 막대한 부를 축적한 유대인의 사례를 종종 만난다.
물론 개인의 노력도 있겠지만, 유능한 사람에게는 비교적 쉽게
투자(융자)하는 유대인 사회의 풍습 덕분이라고도 할 수 있다.

다시 말해, 유대인은 자립하거나 사업을 할 때 유대인 사회
로부터 자금을 조달받기 쉽다는 뜻이다. 스타벅스를 대기업으
로 키운 유대인 하워드 슐츠Howard Schultz는 시애틀의 유대인 부
호들로부터 자금을 모아 스타벅스를 사들였다. 스티븐 스필버
그Steven Spielberg가 젊은 나이에 영화감독이 될 수 있었던 것도

할리우드 유대인 사회의 협력 없이는 불가능한 일이었다.

이런 사례는 셀 수 없이 많다. 사실 성공한 유대인은 대부분 어떤 형태로든 유대인 사회로부터 융자를 받는다고 할 수 있다. 다른 민족이라면 학문을 하든 장사를 하든 자금력의 문제가 생기지만, 유대인이라면 그런 문제가 비교적 간단히 해결된다.

이웃을 부자로 만든 자선 문화

유대교에는 자선 문화가 있다. 문화라기보다 의무에 가깝다. 유대의 대부호나 금융인들이 자주 기부를 크게 하는 이유는 이 때문이기도 하다.

유대교에서 이어져 내려오는 율법과 전승을 망라한《탈무드》에는 이런 말도 있다.

돈은 비료와 같다. 쓰지 않고 쌓아두면 냄새가 난다.

유대교에서는 수입 10분의 1을 기부하는 일이 반쯤 의무이다. 이는《구약 성경》의 〈신명기〉에 있는 '그해 생산물 10분의 1을 다 내어 네 성읍에 저축하여야 한다'라는 말에서 유래했다. 이스라엘에서는 식재료의 10퍼센트를 음식점 처마 밑에 놓아두는 습관이 있다. 가난한 사람들을 위한 풍습이다. 그것이 제대로 이뤄지는지 유대교 관계자가 확인하기도 한다. 지금도 열성적인 유대교도들은 이를 실천하고 있다.

이러한 자선 제도는 융자 제도로 발전했다. 예를 들어, 1607년 폴란드와 리투아니아의 유대인 공동체는 '헤테르 이스카'라는 유대인을 위한 융자 제도를 만들었다. 유대인들은 이 신용 대출 덕분에 손쉽게 자금을 조달했고, 폴란드 동부와 우크라이나의 개발에서 주도적인 역할을 할 수 있었다.

또 미국 유대인 사회에서는 무이자 대출협회가 만들어져 미국으로 이민 온 유대인들에게 당장의 생활 자금이나 사업을 시작할 자금을 무이자로 제공했다. 다른 나라에서 건너온 이민 사회에도 비슷한 제도가 있지만, 유대 사회만큼 정비되지 않았다.

유대 사회는 이런 종류의 상조 조직이 전 세계에 발달해 있다. 제2차 세계대전 전후 독일계 유대인들이 영국으로 대거 이민을 하자, 로스차일드는 그들에게 당장의 생활 자금과 사업 자금을 빌려주었다. 그중에는 기업가로 성공한 사람도 많다. 이렇게 상부상조 시스템이 견고하다는 점은 유대인들이 세계 각지에서 빠르게 성공을 거둘 수 있었던 큰 요인이기도 하다.

돈벌이를 적극적으로 권장하는 종교?

사람들은 유대인이 돈을 잘 버는 이유를 유대교에서 찾기도 한다. 확실히 유대교는 다른 종교보다 돈에 유연한 태도를 취한다. 유대인은 돈을 도구로 생각할 뿐, 돈 자체를 더럽다고 생각하지 않는다.

유대교의 가르침을 모은 《탈무드》에는 다음과 같은 구절도 있다.

- 부는 요새이고, 빈곤은 폐허이다.
- 돈은 악도 저주도 아니다. 돈은 사람을 축복하는 것이다.
- 사람에게 상처를 주는 것이 세 가지 있다. 고민, 말다툼,

빈 지갑이다. 그중에서 빈 지갑이 사람에게 가장 큰 상처를 준다.

이미 말했다시피 기독교에서는 대부업을 금했지만 유대교에서는 용인했다. 또 유대교는 랍비(종교 지도자) 자신이 사업가인 경우도 종종 있었다. 이렇게 보면 유대교는 돈벌이를 적극적으로 권하는 종교처럼 보인다. 그러나 처음에는 그렇지 않았다.

유대교도 여느 종교와 마찬가지로 돈벌이를 좋게 보지 않았다. 앞서 언급했듯이 유대교의 경전은 《구약 성경》이다. 《구약 성경》은 기원전 유대인들이 유대교의 가르침을 모은 책이다. 기독교와 이슬람교 역시 《구약 성경》을 경전의 하나로 삼고 있는데, 여기에는 돈벌이를 권장하는 구절이 거의 나오지 않는다. 오히려 가난한 자의 것을 탐하지 말라고 경고한다.

돈을 향한 집착과 예수의 탄생

《탈무드》는 유대인들이 나라를 잃고 방랑의 민족이 된 뒤, 랍비들의 가르침을 집대성한 책이다. 방랑의 민족이 된 유대인은 살아남기 위해 치열한 싸움을 벌여 왔다. 그러다 보니 '깨끗한 일'만 해서는 먹고살 수가 없었다. 《탈무드》는 그런 상황에 놓인 유대인에게 합리적인 처세술을 알려 주었다. 유대인을 '합리주의자라고 부르는 이유도 이 때문이다. 유대인은 돈에 관해서도 합리적으로 다루게 되었다.

　땅을 가지지 못한 유대인에게 돈은 그야말로 목숨을 유지하게 해 주는 도구이기도 했다. 그래서 그들은 다른 민족에 비해 유달리 돈에 집착할 수밖에 없었다. 돈을 향한 유대인의 집착은 다른 민족에게 종종 반감을 샀다. 이것이 유대인 박해의 원인이 되기도 했다. 그런데 유대인들 중에도 그런 성향을 싫어하는 사람도 있었다. 대표적인 인물이 바로 예수 그리스도Jesus Christ 였다.

2장

신의
이름으로
비즈니스를
하다

기독교

1세기	기독교 탄생
4세기	로마 제국 기독교 수용
397	《신약 성경》 편찬 및 정식 인정
779	카롤루스 대제 십일조를 세금으로 선포
1302	프랑스 십일조 헌납 중지 시작
1303	교황 보니파시오 8세 감금
1305	교황청 프랑스 아비뇽 천도
1336	대항해 시대 시작

로마는 왜 십일조를 걷는 관리를 두었을까?

기독교는 고대 로마 제국 시대(1세기 전후) 이스라엘에서 생겨난 종교이다. 당시 이스라엘 지방에는 유대교를 믿는 유대 민족이 살았다. 앞서 언급했듯이 유대교는 4,000년의 역사가 있으며, '사람들은 서로 도우며 살아야 한다'는 상부상조를 가르치는 종교였다.

그러나 예수 그리스도 시대에는 그러한 가르침이 이미 빈껍데기만 남게 되었다. 여러 규칙이 만들어졌고 사람들이 규칙을 지키기는 하지만, 유대교의 본질인 서로 도우려는 정신은 희박했다. 이에 대해 이의를 제기하고 '서로 사랑할 것'을 설파한 사람이 예수이다.

당시 유대 민족은 로마 제국의 지배 아래 지냈다. 유대인들에게는 로마 제국에 내는 십일조와 신전의 건축과 보수를 위한 신전세가 따로 부과되었다. 그밖에 유대교회에 내는 기부금도 있었다.

로마 제국은 식민지가 워낙 방대했기에 직접 세금을 걷지 않고 '징세 청부인'을 내세웠다. 징세 청부인이란 로마 정부로부터 몇 년 치 세금을 거두어들이는 권리(징세권)를 사들인 뒤 정부를 대신해 세금을 걷어 이익을 얻는 사람을 말한다. 로마 정부는 몇 년 치 세금을 징세 청부인으로부터 한꺼번에 받았다. 몇 년 치 세금을 선불로 받기 때문에 로마 정부의 눈앞의 수익은 늘어났다. 다만, 그만큼 징세 청부인에게 '선납 할인'을 해야 했기 때문에 장기적으로는 수입이 감소했다.

징세 청부인 제도의 가장 큰 결점은 권력 오남용이었다. 징세 청부인은 식민지의 세금을 징수할 수 있는 권리를 부여받아 다양한 방법으로 세금을 거두어들였다. 당연히 자신들이 로마 정부에 지불한 금액보다 더 많은 세금을 받으려고 했다.

많은 유대인이 경제적으로 어려운 상황에 놓여 있었지만, 한편으로는 영리하고 약삭빠르게 처신해 부유한 생활을 누리기도 했다. 바로, 징세 청부인이 되거나 그 업무에 가담하는 사람도 있었던 것이다. 예수는 징세 청부인에게 "정해진 이상의 세금을 걷어서는 안 된다"라고 타일렀다. 또 유대교회 성직자들에게는 교회를 이용해 폭리를 취한다며 강하게 꾸짖기도 했다. 교회 안에서 환전상을 운영하는 곳도 있었기 때문이다.

교회의 돈놀이를 매섭게 비판한 예수

앞에서 말했다시피 유대교에서는 이자를 받고 남에게 돈을 빌려주는 일이 금지되었으나 환전상을 가장해 사실상 대부업을 하는 경우도 흔했다. 이는 교회 관계자와 뒷거래가 있거나 최소한 그들의 묵인이 없었다면 불가능한 일이었다.

〈마태 복음〉에는 성전 뜰에서 돈을 바꾸는 환전상을 발견한 예수가 불같이 화를 내는 모습이 묘사되어 있다. 또 〈마태 복음〉 23장을 보면 예수는 유대교 성직자를 다음과 같이 매섭게 비판하고 있다.

- 또 무거운 짐을 묶어 사람의 어깨에 지우되 자기는 이것을 한 손가락으로도 움직이려 하지 아니하며
- 잔치의 윗자리와 회당의 높은 자리와 시장에서 문안받는 것과 사람에게 '랍비'라 칭함을 받는 것을 좋아하느니라.

이는 바로 오늘날 종교 단체나 유사 종교 단체에서도 흔히 볼 수 있는 광경이다. 예수는 당시 유대 교단을 비판하는 동시에

오늘날 종교 단체도 비판한다고 볼 수 있다.

예수의 가르침에 공감하고 따르는 사람도 많았지만, 당시 유대인 사회는 이를 받아들이지 못했다. 그래서 예수는 재판에 넘겨져 십자가에 못 박혀 처형당하고 만다. 이 재판은 로마 정부가 일방적으로 진행한 것이 아니라 유대인 군중에게 묻는 형태로 진행되었다. 유대인 사회가 예수를 처형한 셈이다. 이 일은 훗날 유대인 박해의 빌미가 되었다.

누진과세는
예수가 만들었다?

　예수가 돈을 어떻게 생각했는지 알 수 있는 일화가 있다. 어느 날, 한 청년이 예수를 찾아왔다. 청년은 유대교 계율을 모두 잘 지키며 사는 성실한 사람이었다. 청년과 예수는 다음과 같은 대화를 나누었다.

　"예수님, 유대교 계율 이외에 제가 또 무엇을 해야 할까요?"
　"청년아, 너의 재산을 팔아 가난한 이들에게 베풀어라."

　대화 끝에 청년은 침울한 표정으로 돌아갔다. 그는 막대한 재산을 가진 사람이었다. 그 후 예수는 제자들에게 말했다.

"부자가 천국에 들어가는 것은 낙타가 바늘구멍에 들어가는 것보다 더 어렵다."

이는 〈마태 복음〉 19장에 적힌 일화이다. 모든 계율을 지켰다고 자부했던 청년은 당연히 예수에게 칭찬을 받으리라 생각했다. 유대의 모든 계율을 지킨다고 했으니 아마도 자기 수입 10분의 1을 가난한 사람들을 위해 내놓았을 터였다. 그러나 예수는 그것만으로는 부족하다고 말했다. 예수는 청년이 부자이며, 그 정도의 금액을 내놓아도 아무런 어려움이 없다는 사실을 알았다.

유대교의 '수입 10분의 1을 내놓는다'는 관습은, 시간이 지나면서 점차 '아무리 부자라도 그 정도면 충분하다'는 생각으로 바뀌게 되었다. 이 기준은 언뜻 공평해 보이지만, 사실은 불공평하다. 부자에게는 유리하고 가난한 사람에게는 불리하다. 돈이 넉넉한 부자는 수입 10분의 1을 내놓아도 문제되지 않는다. 그러나 먹고사는 데 허덕이는 가난한 사람에게 수입 10분의 1은 큰 짐이 될 수밖에 없다. 오늘날 누진과세 제도를 시행하는 나라가 많은 이유는 이런 형평성 문제 때문이다.

누진과세 제도는 소득이 많을수록 세율이 높아지는 제도이다. 이 제도는 근대에 도입되었는데, 예수는 2,000년 전에 이런 생각을 했던 것이다. 물론 예수는 "누진과세 제도를 채택하라"

고 말한 것이 아니라 "부자는 경제 능력에 따라 자선을 베풀어라", "부자는 어려운 사람을 도와라"고 말했을 뿐이다.

현대에는 일단 누진과세 제도를 시행하는 나라가 많지만, 여러 허점 때문에 부자들의 실질적인 세부담률은 그리 높지 않다. 그것이 세계적인 빈부 격차로 이어진다. 명목상 세율은 높게 설정되었어도 부자들은 온갖 방법을 동원해 세금을 회피한다. 겉으로는 유대교의 계율을 지키면서 실제로는 폭리를 취하던 예수 시대의 성직자들과 마찬가지이다.

예수가 "부자가 천국에 들어가는 것은 낙타가 바늘구멍에 들어가는 것보다 더 어렵다"라고 한 말은 요즘도 현대 사회의 어둠을 꿰뚫는다.

서로 용서하고 사랑하라

예수는 엄격한 계율을 만들어 사람들을 괴롭히면서, 정작 아주 중요한 율법을 대수롭지 않게 여기며 자기 이익만 챙기는 성직자를 질타했다. 하지만 그밖의 사람들에게는 매우 따뜻하게 대했다. 〈요한 복음〉에 이런 일화가 실려 있다.

어느 날, 사람들이 '투석형'에 처해진 여자를 예수에게 끌고 왔다. 당시 유대교 계율에서는 간통죄(불륜)를 저지른 여성은 공터에서 돌에 맞아 죽는 투석형을 받아야 했다. 예수는 여자에게 돌을 던지는 사람들을 향해 이렇게 말했다.

"너희 중에 죄 없는 자가 먼저 돌로 치라."

이 말을 들은 사람들은 모두 그 자리를 떠났다.

또 예수가 십자가에 못 박힌 날, 양옆에는 똑같이 십자가형을 받은 흉악한 범죄자 두 명이 있었다. 그중 한 죄수가 "당신은 그리스도가 아니오? 당신도 살리고 우리도 살려 보시오!"라며 예수를 모욕했다. 그러자 또 다른 죄수는 "그게 무슨 말이냐. 우리는 죄를 지었으니 이런 벌을 받아 마땅하지만, 이 분은 무슨 죄를 지었단 말이냐?" 하고 나무랐다.

그리고 그 죄수는 예수에게 "예수여, 당신의 나라에 들어가실 때 저를 꼭 기억해 주십시오" 하고 말했다. 그러자 예수는 이렇게 대답했다.

"오늘 네가 나와 함께 낙원에 있으리라."

이처럼 예수의 기본적인 가르침은 '서로 용서하고 사랑하라'였다. 그러나 훗날 교단은 '서로 용서하고 사랑하라'는 예수의 가르침을 버리고 사람들을 심판하고 박해하는 기관이 되고 만다. 여기에도 '돈'이 크게 얽혀 있다.

로마가 기독교를 받아들인 진짜 이유

예수가 십자가에 못 박힌 뒤, 오히려 그의 가르침은 급속히 퍼져 나갔다. 처음에는 회의적이던 사람들도 예수가 죽자 '역시 그의 말이 옳았던 것이 아닐까' 하고 생각했다. 예수의 가르침을 믿는 유대교인 중 일부는 별도의 새로운 '교회'를 만들었고, 이는 교단으로 급격하게 확대되었다.

처음에 로마 제국은 기독교를 금지했다. 그러나 4세기 로마 제국 황제 콘스탄티누스 1세 Constantinus I 는 기독교의 확산을 막을 수 없음을 깨달았다. 그래서 역으로 기독교를 로마 제국의 국교로 받아들이려고 했다. 당시 기독교는 여러 종파로 나뉘었는데, 콘스탄티누스 황제는 그중 삼위일체를 주장하는 '아타나시우스Athanasius파'라는 종파를 정통 종파로 인정하고, 그밖의 종파는 이단으로 규정했다. 콘스탄티누스가 기독교를 공인하고 기독교의 정통 교리를 확정함으로써 기독교의 간접적인 지배자가 되었다.

콘스탄티누스가 기독교를 회유했던 큰 목적은 '징세'였다. 당시 로마 제국은 재정이 악화되어 국가 통치마저 위태로운 상태였다. 그래서 국가와 기독교를 결부시켜 "기독교인이라면 국가에 세금을 제대로 내라"는 식으로 내몰았다. 기독교인으로서도 '신앙과 세금'이 연결되면서 세금을 낼 수밖에 없게 되었다.

오늘날 가톨릭(기독교)의 총본산은 '로마 가톨릭교회'이다. 예수는 팔레스타인 지방에서 활동했으며 기독교의 발상도 팔레스타인 지방으로, 본래 로마와는 아무런 관계가 없다. 그렇지만 로마 제국이 기독교를 국교로 삼으면서 가톨릭의 본거지는 로마가 되었다.

세금으로 고통받은 로마 시민

콘스탄티누스 황제의 세제 개혁은 일단 성공했고, 로마 제국은 과거의 융성과 안정을 되찾았다. 하지만 세제 개혁은 오래가지 못했다. 세수 부족은 좀처럼 해소되지 않았기 때문에, 매우 가혹하게 세금을 거두어 들였던 것이다. 세금을 내지 않는 사람에게는 고문도 심심찮게 이뤄졌다. 로마 시민 중에는 세금을 내지 못해 자신의 아이를 노예로 팔거나, 스스로 노예로 전락하는 사람도 많았다.

반면, 부유한 귀족이나 대지주들은 뇌물을 써서 세금을 면제받거나 아주 조금만 냈다. 뇌물을 주지 못하는 로마 시민과 농민들은 귀족이나 대지주에게 자신의 땅과 자산을 기부하고 그 밑으로 들어갔다. 이 때문에 귀족과 대지주의 세력이 점점 비대해지고 국가의 형태가 무너지게 된다. 콘스탄티누스의 시대로부터 약 100년 뒤, 고대 로마는 동서로 갈라지면서 쇠퇴했다.

"우리가 아는 성경은 원본이 아니다!"

콘스탄티누스 황제가 정통으로 인정한 아타나시우스파는 아타나시우스라는 신학자를 중심으로 한 종파였다. 아타나시우스는 《신약 성경》 편찬에도 관여한다. 《신약 성경》은 유대교의 《구약 성경》에 기독교의 가르침이 새로 추가된 경전이다.

《신약 성경》은 교단의 세력 확대에 큰 역할을 했다. 기독교가 탄생하던 시기에 기독교인들 사이에서는 다양한 '복음서'가 나돌았다. 복음서란 그리스도의 제자가 '그리스도는 이렇게 말했다'며 전해 들은 이야기를 기록한 책이다. 복음서는 여러 사람이 각자 나름대로의 접근 방식에 따라 썼기 때문에 기독교에는 다양한 종파가 생겨났다.

복음서에 있는 모든 내용이 정확한 사실을 바탕으로 쓰인 것은 아니다. 저자들은 각자 자신이 알고 있는 사실과 자신의 생각을 자기 나름대로 정리해 기록했다. 그중에는 다른 복음서를 참고해 복음서를 쓴 사람도 있었다.

예를 들어, 《신약 성경》에 실린 〈누가 복음〉의 서두 부분에서는 '많은 사람이 쓴 내용을 자세히 살펴 정리해 썼다'고 밝히고 있다. 즉 〈누가 복음〉은 누가 자신이 알고 있는 확고한 사실이 아니라 이미 나돌고 있는 복음서를 참고해 쓴 것이다. 처음부터 '확실하지 않은 사실에 근거해 썼다'고 고백하는 것이나 마찬가지다.

이처럼 확실하지 않은 사실을 바탕으로 각자 자기 나름대로 썼기 때문에 복음서에는 당연히 저자의 견해가 강하게 반영되었다. 심지어 같은 사람이 쓴 복음서도 시간이 지나면서 내용이 상당히 달라졌다. 당시에는 인쇄 기술이 없었기 때문에 복음서를 복제할 때는 손으로 베껴 썼다. 이때 손으로 베껴 쓰는 사람들이 자기 생각을 끼워 넣곤 했다(단순한 복제 실수도 많다).

수정에 수정을 거친 복음서

《신약 성경》에는 '이 글을 고쳐서는 안 된다'는 취지의 문구가 여러 번 나온다. 이는 필사하는 사람이 제멋대로 내용을 추가

하거나 원래 문장을 고치는 일을 막기 위한 경고였다.

　이렇듯 복음서는 저자 각각의 생각이 강하게 반영되었을 뿐만 아니라 사본이 만들어지는 과정에서도 거듭 수정되고 변경될 수밖에 없었다. 현재로서는 어느 것이 원본인지도 알 수 없는 상태이다.

'교회에 오지 않으면 지옥에 간다'는 말의 시초

　각종 복음서에는 교회를 불편하게 하는 내용도 많았다. 따라서 교회에서는 그런 복음서를 거두어들여 가능한 한 세상에 퍼지지 않도록 해야 했다. 180년 무렵에는 '너무 많은 복음서가 세상에 나돌고 있다'는 이유로 주교 에이레나이오스는 몇몇 복음서를 정리한 문헌을 만들었다. 그것이 오늘날 《신약 성경》의 기원으로 여겨진다.

　콘스탄티누스 황제로부터 정통으로 인정받은 아타나시우스는 367년 당시 떠돌던 책자 가운데 스물일곱 권을 선별해 그의 부활절 편지에 제시했다. 이것이 393년 히포 공의회를 거쳐 397년 카르타고 공의회에서 《신약 성경》으로 정식 인정받는다. 즉,

《신약 성경》은 기독교 종파 중 하나가 만든 문서이다. 물론《신약 성경》에는 아타나시우스파의 생각이 강하게 반영되었다.

교회에 가지 않으면 지옥에 떨어진다

《신약 성경》은 편찬될 당시부터 교회의 의도가 깔려 있었다. 세상에 나도는 숱한 복음서 중 마태(가톨릭은 마태오), 마가(마르코), 누가(루카), 요한 네 사람이 쓴 것만 정통 복음서로서《신약 성경》에 실었다. 그밖의 복음서는 모두 배제되었다.

《신약 성경》에는 철저한 '편집 방침'이 있었다. 기독교교회로서는 가급적 많은 신도를 확보해야 하고, 신도들을 교회로 끌어들여야 한다. 그래서 신을 매우 무서운 존재로 만들고 교회에 오지 않으면 지옥으로 떨어진다는 쪽으로 방향을 설정했다.

《신약 성경》에는 죄를 지으면 지옥 불에 던져진다는 구절이 거듭 나온다. 그러나《신약 성경》에 포함되지 않은 다른 복음서(도마 복음, 유다 복음 등)에는 그런 기술이 별로 없다. 이 부분은 교회가 의도적으로 써넣었으리라고 짐작할 수 있는 지점이다.

성경을 교회의 입맛대로 수정한 이유

《신약 성경》은 교회에 유리하게 작용하게끔 만들어졌다. 그런데도 편찬의 통일성이 불충분했는지 성경 속에도 모순점이 많다. 가령 〈마태 복음〉에서 예수는 고귀한 집안의 출신으로 묘사되었는데, 〈누가 복음〉에서는 서민 계급이 되고, 〈마가 복음〉에서는 가난한 목수의 아들로 기록되어 있다.

각각의 복음서에서 저자의 의도에 따라 예수의 출신이 서로 다르게 설정되어 있다. 《신약 성경》을 편찬할 때 확인과 조정을 거치지 않고 그대로 실어버린 탓이다. 즉, 예수가 어떤 집안에서 태어났는가 하는 정보조차 확실하지 않은 상태에서 모호한 정보를 모아 《신약 성경》을 편찬한 것이다.

더구나 교회를 불편하게 하는 기술도 더러 있다. 그중에는 교회의 존재를 전면 부정하는 듯한 내용도 있다. 예를 들어, 〈마태 복음〉에는 다음과 같은 말이 있다.

또 옛 사람에게 말한 바 헛 맹세를 하지 말고 네 맹세한 것을 주께 지키라 하였다는 것을 너희가 들었으나 나는 너희에게 이르노니 도무지 맹세하지 말지니 하늘로도 하지 말라.

이를 있는 그대로 읽으면 그리스도는 '하늘에 맹세해서는 안 된다'고 명확하게 말하고 있음을 알 수 있다. 그런데 교회가 하는 일은 정반대이다.

기독교인은 교회에서 결혼할 때 영원한 사랑을 맹세한다. 또한 다양한 장면에서 신에게 맹세를 한다. 교회를 두고 맹세하는 것이 기독교의 중요한 행사로까지 자리 잡고 있다. 그러나 〈마태 복음〉을 보면 그리스도는 "절대 하늘에 대고 맹세하지 말라"고 분명히 말하고 있는 것이다. 또한 〈마태 복음〉에는 다음과 같은 문구도 있다.

사람에게 보이려고 그들 앞에서 너희 의를 행하지 않도록 주의하라. 그리하지 아니하면 하늘에 계신 너희 아버지께 상을 받지 못하느니라.

그러므로 구제할 때에 외식하는 자가 사람에게서 영광을 받으려고 회당과 거리에서 하는 것 같이 너희 앞에 나팔을 불지 말라. 진실로 너희에게 이르노니 그들은 자기 상을 이미 받았느니라.

너는 구제할 때에 오른손이 하는 것을 왼손이 모르게 하여 네 구제함을 은밀하게 하라. 은밀한 중에 보시는 너의 아버지께서 갚으시리라.

또 너희는 기도할 때에 외식하는 자와 같이 하지 말라. 그들은 사람에게 보이려고 회당과 큰 거리 어귀에 서서 기도하기를 좋아하느니라. 내가 진실로 너희에게 이르노니 그들은 자기 상을 이미 받았느니라.

너는 기도할 때에 네 골방에 들어가 문을 닫고 은밀한 중에 계신 네 아버지께 기도하라. 은밀한 중에 보시는 네 아버지께서 갚으시리라.

이를 보면 예수는 "사람들 앞에서 기도해서는 안 된다"고 말하는 것이며, 거의 교회를 부정하고 있다. 왜 이런 '교회를 전면 부정하는 듯한 말'이 그대로 성경에 실렸는지 의문이다. 아마도 성경을 편찬하는 과정에서 미처 수정하지 못한 것으로 보인다.

신자 수를 늘리기 위한 교회의 전략

앞서 말했듯이 《신약 성경》은 누군가가 처음부터 끝까지 면밀히 구성해서 쓴 책이 아니라, 수십 명, 수백 명이 쓴 문서를 모아 묶은 책이다. 교회에 유리한 문헌만 모았을 것이 분명하지만, 전체 내용을 세세하게 확인하지는 못했던 듯하다.

일단 정식 성경으로 인정되어 세상에 퍼지고 나면 그 뒤에 수정하기는 훨씬 더 어렵다. 《신약 성경》에는 '수정하지 못한 부분'이 꽤 있다. 그러한 부분은 교회의 의도에서 벗어난 사실이며, 본질은 그리스도의 참된 가르침을 나타낸다고 할 수 있다.

예수 그리스도는 "신과 연결되려면 굳이 교회를 통할 필요가 없다. 아무도 보지 않는 곳에서 기도하라"고 말했다. 그러나 교회는 '교회는 신과 연결하는 유일한 창구'라는 방침을 취해 왔다. 이는 신자 수를 늘리고, 신자를 교회에 묶기 위한 '비즈니스 전략'이었을 뿐이다.

교회가 직접 걷었던 세금, '교회세'

　기독교인이라면 교회에 반드시 세금을 내야 했다. 교회세는 기독교인들에게 상당히 부담이었으며, 고대부터 현대까지 기독교인의 생활에 큰 영향을 주고 있다. 그뿐만 아니라 유럽 여러 나라의 역사에도 큰 영향을 미쳤다. 교회세 때문에 정부가 민중으로부터 세금을 충분히 걷지 못해 국가 재정이 어려워져 정권이 무너지거나 국가 제도가 크게 바뀐 사례도 허다했다.

　'종교 단체에 기부하는 사람은 있겠지만, 종교 단체가 세금을 걷는 일은 이상하지 않은가?'라고 생각하는 사람도 많을 것이다. 사실 기독교의 교회세도 처음부터 '세금'은 아니었다. 기독교의 역사 속에서 점점 세금으로 변했다. 교회세에도 여러 종류가 있지만, 대표적인 것이 '십일조'이다. 십일조는 자신이 번 수입 10분의 1을 세금으로 내는 교회 제도이다.

관습처럼 계승된 교회세

십일조는 《구약 성경》에서 기원했다. 앞에서 말했듯이 《구약 성경》은 원래 유대교의 경전이지만 기독교와 이슬람교의 경전이기도 하며, 세 종교의 가장 기본적인 가르침을 기술한 책이다. 《구약 성경》에는 고대 유대인들이 수확물 10분의 1을 교회에 헌납했던 사실이 적혀 있다.

예를 들어, 창세기에는 유대인의 조상으로 여겨지는 아브라함이 전리품 10분의 1분을 사제왕 멜기세덱에게 바쳤다고 쓰여 있다. 또 아브라함 자손들도 수확물 10분의 1을 사제에게 공납했다는 내용도 있다. 이러한 기록에 따라 유대인에게 수입 10분의 1을 팔레스타인의 교회에 헌납하는 일이 점점 의무화되어갔다. 십일조는 유대인에게 중요한 의무였고, 이것은 기독교에도 계승되었다.

기독교는 앞에서도 말했듯이 유대교에서 크게 변혁한 부분도 있지만 기본적인 구조는 비슷하다. 양쪽 모두 같은 《구약 성경》을 경전으로 삼으니 당연한 일이다. 세금도 그대로 관습으로서 계승되었다.

교회세 징수를 법으로 정하자 벌어진 일

교회세는 처음에는 유대교인과 기독교인이 자발적으로 냈다. 하지만 기독교가 유럽 전역에 널리 퍼지면서 교회 조직이 커지자 기독교인의 '명확한 의무'로 여기게 되었다.

585년에는 프랑크 왕국에서 제2차 마콘 공의회가 열렸고, 이 회의에서 십일조가 기독교인의 의무로 명문화되었다. 십일조를 내지 않는 사람에게는 벌칙도 주어졌다. 벌칙에는 교회 출입 금지, 파문, 심지어 집을 몰수하는 경우도 있었다. 십일조의 사용처도 명확해졌다. 십일조는 4등분되어 현지 교회의 운영 자금, 건물의 보수비, 가난한 자를 위한 자선 사업비 그리고 주교에게 보내졌다. '주교'란 지역 교회를 돌볼 책임을 맡은 성직

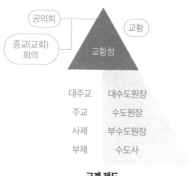

교계 제도

자를 말한다.

사용처가 명확하다는 점은 지금의 교회들과는 크게 다르다. 그만큼 기독교가 체계적이고 합리적이라는 뜻이다. 그러나 교회세도 '종교가 지닌 위험'을 비켜가기 어려웠다.

더 많은 돈을 벌기 위한 더 많은 교회

교회세는 점차 국가적으로 인정받은 세금이 되어 갔다. 로마 제국이 기독교를 국교로 인정한 뒤, 유럽의 여러 나라가 기독교를 국교로 삼았기 때문에 자연스럽게 그런 흐름이 만들어졌다. 현재 서유럽 여러 나라의 기원이 되는 프랑크 왕국의 카롤루스 대제Karolus Magnus는 779년에 "국민은 교회에 십일조를 내야 한다"라고 천명했다. 납세 방법도 구체적으로 정해 "증인 앞에서 자신의 수확물 10분의 1을 나누어야 한다"라고 했다. 즉, 자신의 신고가 맞는지 증인 앞에서 증명해야 했던 것이다. 국왕이 천명한 이후 십일조는 완전히 '강제적 세금'이 되었다.

십일조 때문에 기독교교회(가톨릭교회)는 풍부한 자금을 확보했고, 이는 세력 확장으로 이어졌다. 이 교회세가 세금으로 사회에 확립되는 동안 '교회 비즈니스'라고 할 수 있는 움직임도 나왔다. 교회가 없는 지역에 새로 교회를 만들면 교회세를 징수할 수 있었기 때문이다. 교회세의 대부분은 세금을 징수한 지역의 교회로 들어갔다. 주교에게 상납하는 것은 교회세 4분의 1뿐이었다.

그래서 지역의 유력자나 약간의 돈을 가진 사람들이 새로 교회를 만들기 시작했다. 유럽 전역에 점점 더 많은 새로운 교회가 만들어졌다. 그러는 사이 교회세를 두고 교회 간의 세력 다툼도 생겼다. 그러자 기독교 주교들(상층부)은 지역 교회 간의 세력권을 정하고 '새로 생긴 교회는 원래부터 있던 교회의 십일조를 가로채서는 안 된다' 등의 규칙을 세웠다.

이렇게 해서 세금이 이권화된 것이다. 또 귀족들은 교회를 사유화하고 세금의 징수권을 얻는 일도 일어났다. 이윽고 십일조는 그 자체가 채권처럼 취급되었다. 교회가 자기 지역의 '십일조를 징수할 권리'를 팔기 시작한 것이다. 셰익스피어William Shakespeare도 노후를 위해 십일조 채권을 구입했다고 전해진다.

교회세를 걷기 위해 식민지를 찾아다닌 유럽

교회세는 기독교 보급의 원동력이기도 했다. 바꿔 말해 유럽의 여러 나라가 세계를 침략하는 계기가 되었다. 새로운 교회를 만들면 지역에서 교회세를 징수할 수 있기 때문에 아직 교회가 없는 '미개척지'에 점점 더 많은 교회가 세워졌다.

교회를 세우는 측에게는 '이것은 기독교 포교를 위한 것이다'라는 대의명분이었다. 교회세라는 이권을 얻기 위해 교회를 세우면서도 '사람들에게 도움이 되는 것이다'라며 스스로에게도 핑계를 댈 수 있었다. 그래서 양심의 가책 없이 탐욕스럽게 교회를 세워 나갔다.

'교회를 세우면 징세권이 생긴다'라는 '교회세 시스템'은 곧 인류에게 큰 재앙을 가져왔다. 독실한 기독교인들이 유럽에 만족하지 못하고 전 세계에 교회를 세우기 시작했기 때문이다. 알려진 바와 같이 15세기부터 17세기에 걸쳐 스페인과 포르투갈 등이 새로운 항로를 개척하고 전 세계에 식민지를 건설한다. 이른바 '대항해 시대'이다.

대항해 시대는 유럽 국가들이 '아시아의 향료를 구하기 위한 것'이 가장 큰 동기였다. 또 하나는 '기독교 포교'였다. 15세기 포르투갈과 스페인은 나침반, 조선기술이 발달하면서 세계 각지의 새로운 항로를 개척해 나갔다. 대항해 시대는 포르투갈의 왕자이자 항해왕 엔히크Henrique의 후원 등 국가적 지원 없이는 불가능했다. 그들에게 대항해는 곧 국가사업이기도 했다. 국가사업이라는 이름 아래 늘 기독교 포교가 따랐다.

기독교의 포교 = 신대륙 약탈

1494년, 로마 교황은 "아메리카 대륙은 스페인과 포르투갈의 두 나라가 절반씩 나눠 가지도록 하라"는 명령을 내렸다. 이것이 스페인과 포르투갈 사이에 체결된 '토르데시야스 조약'이다. 이 조약은 서경 46도 36분을 경계로 아메리카 대륙을 스페인과 포르투갈 양국이 나눠 갖는 것이었다. 형식상으로는 아메리가 대륙뿐만 아니라 전 세계가 둘로 나뉘었다. 경계선을 따라 동쪽은 포르투갈이 서쪽은 스페인이 차지하게 되었다. 그래서 당시 중국과 한국, 북해도 일부를 제외한 일본도 포르투갈령에 속했다.

그러면서 교황은 기독교 포교라는 대의명분을 내세웠다. "미개한 사람들에게 은혜로운 기독교의 가르침을 널리 알리라"는 오만한 명령이었다. 미개척지에 교회를 세우면 그곳에서 징세권이 발생했다. 로마 가톨릭교회로서는 신자도 늘고 상납금도 늘기 때문에 반기지 않을 이유가 없었다.

그러나 아메리카 원주민들에게는 불행이었다. 스페인은 교회세를 확대 해석하여 아메리카 대륙에서 식민 정책을 추진하기 위해 '엔코미엔다(신탁)'라는 제도를 도입했다. 엔코미엔다는 스페인에서 아메리카 대륙으로 가는 사람에게 현지인(원주민)을 기독교로 개종시키는 역할을 맡기고, 그 대신 현지에서 자유롭게 세금을 거두어들일 권리를 부여하는 제도이다. 쉽게 말해 겉으로는 기독교 포교를 내세웠지만, 아메리카 원주민을 얼마든지 약탈해도 좋다고 허가한 바와 마찬가지였다.

아메리카 대륙으로 건너간 스페인 사람들은 기독교 포교를 방패막이로 약탈과 살육을 일삼았다. 아메리카에서는 많은 광산이 발견되었는데, 그곳에서 나오는 금과 은은 모두 스페인이 가져갔다. 그뿐만 아니라 광산을 개발할 때는 숱한 아메리카 원주민이 노예나 다름없는 강제 노동에 시달렸다. 결과적으로

1492년부터 200년 동안 아메리카 원주민 인구의 90퍼센트가 소멸되었다고 한다.

이 시기 동안 스페인과 포르투갈은 경쟁하듯 아프리카와 아시아, 아메리카를 침공해 가혹한 약탈 행위를 자행했다. 단순한 약탈이었다면 그들도 양심에 거리꼈을 것이다. 그런데 그들은 '기독교 포교'와 '교회세 징수'라는 커다란 명분이 내세웠다. 그렇기 때문에 마음껏 약탈할 수 있었다.

흑인은 같은 흑인의 손에 팔렸다

대항해 시대의 부산물로 대표적인 것이 '흑인 노예무역'이다. 이는 서구 국가들로서는 '흑역사'라고 할 수 있다. 16세기부터 근대에 걸쳐 서구 여러 나라들은 흑인 노예무역으로 풍요로워졌으며, 흑인 노예를 혹사시키는 농장 경영을 하며 경제 발전을 이루었다. 사실 흑인 노예는 서구 국가들이 무력으로 흑인을 붙잡아 노예로 만든 것은 아니었다. 흑인 노예는 대부분 흑인의 손에 노예로 만들어지고 사고 팔렸다.

16세기 당시 노예를 주로 구입한 나라는 스페인이었다. 스페인은 카리브 제도 등에서 사탕수수를 재배해서 열대 지역에서 가혹한 노동을 견딜 흑인 노예가 필요했다. 스페인에 노예를 판매한 나라는 포르투갈이었다. 포르투갈은 흑인 부족에게서

대서양 노예 삼각 무역[*]

노예를 '사들이고' 있었다.

　당시 아프리카 국가에서는 흑인 부족 간의 다툼이 끊이지 않았다. 싸움에서 진 부족은 이긴 부족의 노예가 되는 풍습이 있었다. 노예무역을 하던 포르투갈은 이런 풍습을 이용했다. 대표적인 흑인 부족(국가)이 '다호메이 왕국'이었다.

　다호메이 왕국은 기니만에 인접한 오늘날 베냉 지역을 지배했던 흑인 국가였다. 포르투갈은 그들에게 총, 화약, 금속 제품, 직물 등을 주고 대가로 노예를 받았다. 다호메이 왕국은 포르투갈로부터 입수한 무기를 이용해 주변 흑인 부족들을 제압해 나갔고, 그 과정에서 얻은 노예들을 다시 포르투갈에 팔아넘기며 세력을 넓혀 갔다. 이처럼 아프리카의 흑인 부족들은 포르투갈에

• 숫자는 1526~1810년 사이 끌려간 노예의 숫자(추정).

부당하게 이용당하며 멸망과 노예화의 길로 나아갔다.

전 세계에서 이뤄진 노예 수출

흑인뿐만 아니라 근대까지 세계 각 지역에서 사람을 사고파는 노예 제도가 만연했다. 이슬람의 오스만 제국에서도 노예무역은 대대적으로 이루어졌다. 일본에서도 15세기 중반부터 16세기 후반까지 사회적, 정치적 변동이 계속된 내란의 시기 때 남만무역(16~17세기에 일본과 스페인, 포르투갈 간에 이뤄진 무역)에서 일본인 노예가 수출되었다.

흑인은 다른 인종에 비해 중노동을 견딜 수 있는 강한 신체를 지녔다. 그래서 사탕수수 농장을 운영하는 스페인 사람들은 너도나도 흑인 노예를 필요로 했다. 그 결과 아메리카 대륙에 흑인 노예가 대량으로 '수출'되었다.

중세 유럽의 왕조가
가난해진 결정적 이유

교회세 이야기로 다시 돌아가자면, 이 세금에는 애초에 큰 결함이 있었다. 앞서 얘기했듯, 가난한 사람의 부담이 크다는 점이다. 예를 들어, 연 수입이 10억 원인 사람이 십일조를 낼 경우 자신이 저축한 돈으로 낼 수 있다. 하지만 연 수입이 2,000만 원인 사람은 자신의 생활비를 줄일 수밖에 없다.

오늘날 주요국의 조세제도에서는 이러한 결함을 보완하기 위해 누진과세를 채택한다. 소득이 많을수록 세율이 높아지기에 가난한 사람의 부담을 줄일 수 있다. 옛날에는 누진과세 제도가 없었기 때문에 누구나 일률적으로 십일조를 내야 했다.

유럽의 왕들은 생각보다 가난했다

중세 유럽의 국왕이라고 하면 '절대 왕정'이라는 말이 떠오르며 절대적인 권력을 휘두르고 넉넉한 경제력을 갖추었으리라는 이미지가 있다. 실제로는 그렇지 않았다. 십일조 때문에 중세 유럽 국가들은 큰 부담을 안았다. 대부분의 시민이 교회에 이미 세금을 냈기 때문에 국가에 세금을 낼 여유가 없었던 것이다. 그래서 중세 유럽의 왕들은 재정적으로 매우 궁핍했다.

중세 유럽 국가에서는 국가 전체가 왕의 영토가 아니라 교회, 귀족, 제후가 각각 영지를 가지고 있었다. 그래서 세수는 국왕이 직접 통치하는 영토인 '직할령'에 의존해야 했는데, 이 영토는 결코 넓다고 할 수 없었다. 귀족이 통치하는 영토는 '귀족령'이라고 했다.

국왕은 재원이 부족하면 직할령을 팔기도 했다. 게다가 중세부터 근대에 걸쳐 유럽의 국왕들은 쉴 새 없이 전쟁을 치르고 있었다. 전쟁 중에 특별히 세금을 걷기도 했지만 서민과 귀족, 제후들의 반발이 심해 쉬운 일은 아니었다. 따라서 중세 유럽 국가들의 세금은 주로 관세나 간접세였다. 하지만 그것만으로는 세수가 턱없이 부족했다. 이 때문에 유럽 각국은 어떻게든 교회세를 회피할 방법이 없는지 모색하게 되었다.

신도 이긴
돈을 향한 욕망

교회세를 둘러싸고 세계사에 남을 큰 사건도 발생했다. 14세기 프랑스에서는 로마 교황을 유폐하는 사건이 일어났다. 로마 가톨릭교회의 수장인 교황을 프랑스로 유괴한 것으로, 역사적인 대사건이었다. '로마 교황의 바빌론 유수'라고도 일컬어지는 이 사건이 일어난 가장 큰 이유는 사실 교회세에 있었다.

14세기 초 프랑스에서는 카페 왕조 필리프 4세 Philippe IV가 국가의 통일 체제를 갖추고 왕권을 크게 강화시켰다. 필리프 4세는 영국과 격하게 대립해서 작은 전투가 끊이지 않았다. 군비를 조달하기 위해 프랑스 영토 교회령에게 세금을 부과하려고 했다.

그런데 교황 보니파시오 8세 Bonifacius VIII 는 프랑스의 교회령에 대한 과세를 인정하지 않았다. 그는 1302년 프랑스에 과세를 금지한다고 통보했다. 그러자 필리프 4세는 프랑스 국민이 로마 교회에 헌납하던 십일조를 정지시켰다. 프랑스 국민도 교회에 내는 세금이 부담스러웠기 때문에 국왕을 지지했다. 분개한 교황 보니파시오 8세는 필리프 4세의 파문과 폐위를 지시했다. 필리프 4세도 가만히 있지 않았다.

1303년 9월, 필리프 4세의 측근인 기욤 드 노가레 Guillaume de Nogaret 가 이끄는 무리가 보니파시오 8세가 머물던 로마 외곽의 아나니 Anagni 로 쳐들어갔다. 그들은 보니파시오 8세를 납치하려고 했으나 그는 "차라리 날 죽여라"라고 외치며 완강하게 버텼다. 이때 보니파시오 8세는 가톨릭 교황 역사상 가장 굴욕적인 치욕을 경험하게 된다. 기욤과 같이 쳐들어간 가주 콜론나 Colonna 는 분노하여 교황의 뺨을 때렸고, 그대로 감금시킨 뒤 퇴위를 강요했다. 그럼에도 굴복하지 않는 보니파시오 8세를 그 자리에서 제거할지 프랑스로 데려갈지 고민하던 중 로마 시민들이 교황을 구출했다.

한 달 뒤, 보니파시오 8세는 지병인 결석으로 숨을 거뒀다. 이 사건이 준 육체적, 정신적 고통과 충격으로 사망했다고도 전해진다. 교황이 사망하고 프랑스는 로마 가톨릭교회에 프랑스인을 교황으로 선출하도록 강하게 압박했다. 당시 프랑스는 로마 교회 내에서 큰 세력을 지니고 있었다. 중세 프랑스는 신실한 기독교 국가였으며, 프랑스 출신 추기경도 많았다. 추기경은 교회의 최고 고문이며 교황의 선거권을 가진다.

결국 둘로 분열된 교황청

프랑스는 한층 더 압박해 프랑스인 추기경의 수를 늘렸다. 마침내 1305년에는 프랑스 출신의 클레멘스 5세 Clemens V가 교황으로 선출되었다. 프랑스는 클레멘스 5세 교황에게 교황청을 프랑스로 옮기라고 압박한다. 그리고 1309년 클레멘스 5세는 프랑스 국왕 필리프 4세의 요청에 따라 교황청을 프랑스 남부 아비뇽으로 이전했다. 이는 가톨릭교회의 '천도'와도 같았고, 고대 유대인들이 바빌론에 끌려간 사건에 빗대 '로마 교황의 바빌론 유수'라고 부른다. 이로써 프랑스에서 로마로 보내던 교회세는 프랑스 국내에 그대로 남게 되었다.

프랑스가 이렇게까지 했던 이유는 그만큼 교회세가 부담이었다는 뜻이다. 가톨릭교회의 역사관으로 볼 때 이 사건은 교황이 프랑스에 유폐되었기에 로마 교황의 바빌론의 유수라는 식으로 표현되지만, 클레멘스 5세는 따로 납치된 것이 아니라 스스로 프랑스로 갔다.

그로부터 1377년까지 68년 동안 교황청은 프랑스 아비뇽에 거주했다. 즉, 이 기간 동안은 로마 교황청이 아니라 프랑스 아비뇽 교황청이었던 것이다. 68년 동안 교황은 여섯 차례 교체되었는데 모두 프랑스인이었다. 당연히 로마는 맹렬히 반발했다. 교황청이 프랑스로 옮겨지기는 했어도 로마의 교황 시설은 그대로 남았고 관계자도 많았다. 로마라는 지역 자체가 교황청에 의해 유지되던 곳이었다.

이 때문에 로마파와 프랑스파가 부딪히며 가톨릭교회는 대분열 위기에 놓였다. 프랑스 아비뇽 교황청 7대 교황 그레고리우스 11세 Gregorius XI 는 중대한 위기라고 느꼈고, 프랑스의 반대를 무릅쓰고 로마로 귀환했다. 이로써 일단 교황청이 부활하게 되지만 이번에는 프랑스 측이 맹렬히 반발했다. 프랑스는 교황의 로마 귀환을 인정하지 않고 별도의 프랑스인 교황을 세워 계속 '교황청은 아비뇽에 있다'고 주장했다. 이로써 가톨릭교회의 교황청은 둘로 분열되었다. 분열은 40년 가까이 지속되었다.

1417년, 공의회를 통해 사태가 수습되었다. 이 회의에서 로마를 유일한 교황청으로 하는 것은 물론이고 교황청의 권한보다 '공회의'의 권한을 우선시한다는 결정도 내렸다. 공회의란 전 세계 기독교교회 대표자들이 모이는 회의를 말한다. 이전에는 공의회보다 교황청이 더 강력한 권한을 가지고 있었다. 1309년 아비뇽으로 '천도'된 뒤, 프랑스가 무려 100년이 넘게 교황청과 대립을 이어간 가장 큰 이유는 교회세 때문이었다.

3장

세금을 두고
국가와
권력 다툼을 한
종교

개신교

1513	레오 10세 교황 즉위
1517	마르틴 루터의 종교 개혁
1534	영국 헨리 8세 영국 국교회 설립
1557~1575	스페인 국가 파산 선고
1568~1668	스페인 vs. 네덜란드, 포르투갈 독립전쟁
1642	영국 청교도 혁명
1649	영국 아일랜드 정복
1789	프랑스 혁명 시작
1798	나폴레옹 로마 점령

부자가 되려면
교회를 가라?

가톨릭교회는 풍부한 자금을 이용하여 거대하고 호화로운 교회를 각지에 세웠다. 프랑스의 노트르담 대성당이나 로마의 성 베드로 대성당 같은 유명 교회는 물론, 유럽에는 웬만한 시골이라도 성에 버금가는 교회가 있다. 대부분이 교회의 십일조로 만들어졌다.

가톨릭교회의 막대한 재산은 도리어 교회를 부패하게 만드는 원인이 되었다. 중세에 이르자 가톨릭교회는 이미 부패할 대로 부패해 갔다. 당시 가톨릭교회에서는 '시모니아'라고 하는 성직 매매가 기승을 부렸다. 시모니아는 돈이나 이익 등을 대가로 주교 등 성직을 사고파는 것이다.

그래서 주교 같은 교회의 요직은 대부분 귀족의 자제들이 차지했다. 주교는 한 지역 교회의 수장이자 매우 명예로운 자리였다. 더구나 교회의 풍부한 자산을 운용할 수 있었다. 귀족들 입장에서 주교는 부와 명성을 높이기에 더할 나위 없는 수단이었던 셈이다.

가톨릭교회는 가난한 집안의 아이들이 어쩔 수 없이 사제의 길로 가게 되리라고 생각할 수도 있다. 물론 가난한 집안의 아이들이나 갈 곳이 없는 아이들이 성직자가 되는 경우도 많았다. 그러나 성직자로서 출세는 자금력이 좋은 집안의 자식들 몫이었다. 일반 시민이 주교 자리까지 오르는 일은 극히 드물었다.

당시에는 장남이 집안을 물려받는 일이 거의 상식으로 통했기 때문에, 귀족들은 집안을 물려받지 못하는 차남, 삼남을 교회에 들여보냈다. 귀족의 권력을 이용해 주교 같은 지위로 출세시켰던 것이다. 중세 유럽 교회가 얼마나 재력이 있었는지, 얼마나 부패했는지는 메디치 가문을 보면 알 수 있다.

교회 덕분에 실세가 된 메디치

메디치 가문은 중세 유럽의 최대 자산가이며 레오나르도 다 빈치Leonardo da Vinci, 미켈란젤로Michelangelo Buonarroti 등 예술가의

로렌초 데 메디치

후원자로도 유명하다. 중세 유럽의 '르네상스'라고 불리는 우아한 예술들은 메디치 가문의 자금 지원으로 탄생했다.

메디치 가문은 원래 이탈리아 피렌체의 환전상이었으나, 로마 가톨릭교회의 자금 관리를 맡게 되면서 급성장했다. 로마 가톨릭교회에는 전 세계에서 징수된 교회세가 모였고, 메디치 가문은 그 막대한 자금의 관리 운용을 맡은 것이다.

참고로 당시 환전상은 은행이나 대부업자가 하는 일도 했다. 기독교교회에서는 '가난한 자에게는 돈을 빌려주고 이자를 받아서는 안 된다'라는 성경 구절을 근거로 오랫동안 '이자를 붙여 돈을 빌려주는 행위'가 금지였다. 그래서 겉으로는 환전상 간판을 걸고 실제로는 대부업을 했다.

메디치 가문은 환전업으로 부를 쌓았고 로마 교황의 눈에 들어 교회의 회계를 맡았다. 당시 메디치 가문은 교황의 유력 후

레오 10세

보였던 발다사레 코사 추기경을 후원했다. 로마 가톨릭교회의 수장인 교황은 추기경 가운데 선거로 뽑았기에 여기서 이기려면 상당한 자금이 필요했다.

메디치 가문에서 지원하던 발다사레 코사 추기경은 씀씀이가 헤프고 유부녀와 부적절한 관계를 맺었다는 소문이 떠도는 행실이 좋지 않은 인물이었다. 그런데 메디치 가문의 지원 덕분에 교황으로 선출되어 요한 23세 Joannes XXIII 라는 이름을 받았다. 그 결과 메디치 가문은 로마 가톨릭교회의 재무를 도맡으면서 막대한 수익을 얻었다.

그 뒤로 메디치 가문은 로렌초의 아들이자 당주의 동생 조반니 데 메디치 Giovanni de' Medici 를 로마 가톨릭교회에 성직자로 보내 젊은 나이에 추기경 자리를 받았다. 그리고 조반니는 사상 최연소 37세 나이에 레오 10세 Leo X 로서 교황 자리에 올랐다.

이로써 메디치 가문과 로마 가톨릭교회의 유대가 공고해졌고, 이는 메디치 가문의 역사적 번영을 가져왔다. 레오 10세는 교황청의 바닥난 재정을 메우기 위해 면죄부 판매에도 적극적으로 나서 재임 중 루터의 종교 개혁 운동이 일어나는 원인을 제공했다.

"우리는 돈 없이도
갈 수 있는 천국을 원한다!"

1517년 독일의 신학자 마르틴 루터 등이 교회의 형식화한 교리를 원래대로 되돌려 성경으로 돌아가자는 취지의 개혁 운동 벌였다. '루터의 종교 개혁'으로 기독교는 분리되어 기존의 '가톨릭교회'와 새롭게 생긴 '개신교교회'로 나뉘었다. 종교 개혁 운동이 일어난 큰 계기는 역사적으로도 유명한 '면죄부'였다.

면죄부는 '교회에 거액을 기부하면 모든 죄를 용서받을 수 있다'라는 말도 안 되는 제도였다. 기독교교회는 그때까지 십자군의 원정 비용을 충당하기 위해 여러 차례 면죄부를 발행했다.

16세기 초에는 이탈리아 로마의 성 베드로 대성당 재건축을 위한 자금을 마련한다는 명목으로 대대적으로 면죄부가 발행

마르틴 루터

되기도 했다. 독일의 마인츠 대주교는 "이 면죄부를 사면 천국에 갈 수 있다며 교회가 보증한다"라고도 했다.

원래 교회는 전 세계 기독교인들에게 십일조를 거두었기에 막대한 수입이 있었다. 그런데도 면죄부를 팔아 돈을 긁어모았다. 사람들은 조금씩 교회에 불만을 보였다. 그런 가운데 젊은 수도사 마르틴 루터가 교회의 면죄부 판매를 강하게 비판하고 나서며 종교 개혁의 도화선이 되었다. 가뜩이나 종교 개혁으로 부글부글 끓고 있던 사람들이 분노를 폭발시킨 것이다.

기독교 세계의 분열

개신교교회에서는 가톨릭교회처럼 정해진 세금은 없고 자신이 낼 수 있는 범위에서 헌납하게 했다. 이 때문에 십일조에 시달리던 많은 사람들이 개신교로 개종하게 되었다.

1521년 가톨릭교회는 루터를 파문했으나 그의 생각에 동조하는 성직자와 제후도 많았다. 제후 중에서는 기존의 가톨릭교회에서 이탈해 자신의 영내에 루터가 주창한 새로운 기독교를 받아들이는 사람들도 급증했다. 지역 전체가 개신교를 받아들이는 경우도 크게 늘었다. 이 종교 개혁은 기독교 세계의 분열을 가져왔다.

그런데 루터는 기독교의 정화에 앞장서는 한편으로 강력한 반유대주의자이기도 했다. 그는 종교 개혁을 할 당시 유대인도 동참하게 하려고 유대 장로들을 설득했다. 하지만 유대인들은 그의 제안을 거절했다. 이때 상처를 받은 루터는 강력한 반유대주의자가 되었다.

루터는 자신의 책에서 이렇게 말했다.

- 유대인의 집들을 모조리 다 파괴하고 판잣집이나 마구간 같은 곳에 살게 하라.
- 유대인의 재산을 몰수하고 그들에게 육체노동을 하게 하라.
- 유대인의 안전한 통행에 대한 보호를 취소하라.

훗날 나치 독일은 이 내용을 그대로 정책으로 옮겼다. 나치의 고위 관료였던 율리우스 슈트라이허 Julius Streicher 는 종전 뒤, 국제 군사 재판에서 "나에겐 죄가 없다. 나는 오직 루터가 시켜서 그 일을 했을 뿐이다. 만약 내게 죄가 있다면 루터를 이 자리에 불러 먼저 재판하라"고 말하기도 했다.

영국의 국왕은
왜 일부러 파문당했을까?

루터의 종교 개혁으로 촉발되어, 국가 단위로 가톨릭교회에서 떨어져 나오는 경우도 생겼다. 기독교를 국교로 삼은 나라들은 교회세 부담 때문에 고통을 겪어 종교 개혁은 뜻밖에 찾아온 행운과 같았다. 대표적인 예가 영국이다.

헨리 8세 Henry VIII가 다스리던 16세기 초반, 영국 기독교인들은 성경을 따라 십일조를 냈다. 십일조는 4등분이 되어 일부가 로마 교황에게 보내졌다. 세수 부족으로 골머리를 앓던 헨리 8세는 종교 개혁이라는 절호의 기회를 놓치지 않았다.

1534년 '영국 국교회'라는 새로운 교회를 만들고 '국왕지상법'에 따라 스스로 영국 국교회의 수장임을 선언했다.

헨리 8세

이로써 헨리 8세는 영국 기독교교회의 재산을 모두 손에 넣을 수 있었다. 십일조도 자신에게 내도록 했다.

헨리 8세의 이혼 문제

기존의 세계사 교과서에서는 이렇게 배웠을 것이다.

헨리 8세는 스페인 왕녀 캐서린과의 이혼 문제로 교황에게 파문을 당한다. 그래서 영국 국교회는 가톨릭교회로부터 떨어져 나왔다.

그러나 사실 헨리 8세의 파문은 단순한 구실이었다. 간단히 말해 가톨릭교회로부터 파문당하도록 일부러 가톨릭교회와 영

종교 개혁과 대항 종교 개혁의 흐름

종파	가톨릭 (이탈리아)		루터파 (독일)		칼뱅파 (스위스·프랑스)	영국 국교회 (영국)	

교리	· 성경과 전승 중시
	· 교황지상주의
	· 교황무오▦설
	· 선행에 의한 구제
			· 성경주의와 신앙
			  의인설
			· 이 주장은 내면
			  적 세계로 한정하
			  고, 질서의 파괴
			  를 부정했기 때문
			  에 제후의 지지를
			  얻었다.
			· 북부 독일과
			  북유럽에 퍼졌다.
					· 성경주의와
					  예정설이 특징
					· 금욕과 근면을
					  통한 부의 축적을
					  인정했기 때문에
					  신흥 시민층의
					  지지를 얻었다.
					· 전 유럽에 퍼져
					  자본주의 사회로
					  의 기반을 만들었다.
						· 영국 국왕을 정점으
						  로 하는 국가 교회
						  주의
						· 교리는 개신교적,
						  의식은 가톨릭적
						· 귀족과 부유한 상류
						  층이 지지했다.
						· 국왕의 이혼 문제가
						  발단이 된 정치적
						  종교 개혁	

배경	1414	콘스탄츠 공 의회(~1418) (교회 재통일, 후스 화형)	1403	후스의 교회 비판		1378	위클리프의 교회 비판
			1419	후스 전쟁 (~1436)			
	1494	사보나롤라의 개혁→1498 화형				1381	와트 타일러의 난

국의 관계를 끊고 가톨릭교회의 수입을 빼앗은 것이다.

실제로 헨리 8세가 캐서린과의 이혼을 인정하도록 교황에게
요구했을 때, 이미 헨리 8세와 교황의 관계는 악화되어 있었다.
국왕 자신은 가톨릭교회에 대한 십일조 헌납을 중단한 상태였
기 때문이다.

당연한 일이지만 그러한 상황에서는 교황에게 좋은 대답을
들을 리가 없었다. 아니나 다를까 이혼은 인정되지 못했고 파
문을 당하고 말았다. 헨리 8세가 의도한 결과였다.

신을 향한 믿음 때문에
망한 나라

프랑스와 영국은 십일조라는 상당히 강력한 방법으로 세금을 회피했다. 그 결과 프랑스와 영국은 교회세로부터 완전히 벗어날 수는 없었지만 상당히 거리를 둘 수 있었다.

반면에 십일조에서 벗어나지 못하고 주저앉은 나라도 있었다. 대표적인 나라가 스페인이다. 대항해 시대까지 스페인은 단연코 유럽 최강의 나라였다. 아메리카 대륙, 아시아, 아프리카 등 전 세계에 식민지를 두고 '해가 지지 않는 제국'이라고도 불렸다.

그런데 16세기 후반에 접어들자 스페인은 언덕길에서 굴러떨어지듯 갑작스럽게 쇠퇴해 갔다. 중요 경제 지역이었던 네덜란드, 포르투갈이 잇따라 독립해 떨어져 나갔고, 바스크 등 스페인 내에서 반란이 빈번하게 일어났다. 세계 각지에 거느리던 식민지도 영국과 프랑스에게 연달아 빼앗기고 말았다.

그렇게 '제국주의 시대'로 일컬어지던 17세기와 18세기에는 유럽 강국의 자리에서 밀려났다. 왜 스페인은 16세기 말에 급격히 쇠퇴하게 되었을까? 가장 큰 원인이 바로, 교회세였다.

막강한 스페인 제국의 등장

스페인은 원래 천연자원이 풍부한 지역이었다. 고대 로마 제국의 속주 에스파냐에서 기원했으나 고대 로마 시대부터 번영했다. 질 좋은 금, 은, 구리, 납을 캘 수 있는 광산이 있었다. 밀, 올리브, 와인이 생산되는 비옥한 농지도 많았다. 광대한 고대 로마 제국 중에서도 아홉 번째 도시이자 작은 로마로 불렸다.

스페인이 강대국으로서 면모를 갖춘 것은 15세기의 일이다. 중세기 스페인 지역은 이슬람 세력에 종종 침략당했지만, 15세기에 들어서면서 기독교 세력이 이슬람 세력을 몰아내는 데 성공했다. 그리고 1469년에는 이 지역의 양대 왕국인 카스티야 왕국의 이사벨 공주와 아라곤 왕국의 페르난도 왕자를 결혼시켜 통합했다. 이로써 유럽의 강대국 스페인이 탄생한 것이다.

대항해 시대가 열리면서 스페인은 주역으로 우뚝 선다. 당시 스페인은 막강한 해군 군사력을 자랑하고 있었다. 해군 군사력으로 세계의 바다로 뻗어나가 광대한 식민지를 획득하고 지배해왔다. 1571년에는 레판토 해전에서 기독교 국가의 숙적이었던 이슬람권의 대국 오스만 제국을 무찌르면서 스페인 함대는 '무적함대'로 불렸다.

그러나 스페인은 오스만 제국의 해군을 격파할 당시부터 심각한 재정 문제가 있었다. 스페인은 재정 위기가 만성화되면서 경제 파탄마저 여러 차례 일어났다.

무적함대가 침몰한
진짜 이유

1556년 스페인의 왕위를 이은 펠리페 2세 Felipe II는 아메리카 대륙을 포함한 광대한 스페인령과 더불어 그보다 훨씬 더 많은 부채까지 물려받았다. 이 때문에 펠리페 2세는 1557년과 1575년 두 차례 파산 선고(국고 지불정지 선언)를 했다. 파산 선고를 했다고 해서 모든 재산을 잃고 무일푼이 된 것은 아니었다. 각지의 상인들에게 빌린 돈을 '갚을 수 없다'라고 선언했다는 뜻이다. 지금으로 치면 채무불이행인 셈이다.

이 채무불이행으로 인해 당시 스페인 최대의 상업 도시인 앤트워프의 상인들은 큰 타격을 입었다. 물론 이는 스페인 국왕에게도 큰 타격이었다.

펠리페 2세

예나 지금이나 채무불이행을 선언했을 때 가장 큰 문제는 다음에 돈을 빌리기가 어려워진다는 점이다. 채무불이행을 일으킨 사람(국가)은 빚을 내지 않으면 살아갈 수 없는 상태인 경우가 많다. 그 상태에서 새로운 빚을 내지 않으면 경제 상태는 더욱 악화된다. 훨씬 나쁜 조건에서 돈을 빌려야 하고 담보 형태로 자산을 내놓는 수밖에 없다. 이런 상황은 스페인 국왕이라도 마찬가지였다. 펠리페 2세의 뒤를 이은 펠리페 3세Felipe III는 왕위를 계승할 당시 세입의 8배에 달하는 부채가 있었다.

파산을 부른 교회세와 군사 비용

전 세계에 식민지를 거느렸고, 아메리카 대륙에서 막대한 금은을 들여오던 스페인이 왜 그렇게 재정이 악화되었을까? 여기에도 교회세가 가장 큰 이유였다.

스페인은 이슬람 세계와 접하는 지역에 있어서 '기독교 세계를 지키는 보루' 역할을 해 왔다. 그래서 이슬람권과 항상 크고 작은 전투를 벌였다. 거기에 들어가는 군사 비용도 상당했다.

무적함대를 유지하는 데도 상당한 비용이 들었다. 유지비로 1572년부터 1575년 사이에 1,000만 두카트*를 사용했다는 기록이 있다. 이는 스페인 전체 세입의 두 배에 해당하는 금액이다.

스페인은 이슬람 세력과 맞닿아 있어 가톨릭교회로부터 특별히 자금 지원을 받았다. 그러나 이는 교회가 스페인 국내에서 징수하는 교회세의 일부를 반환한 일에 불과했다. 교회세가 스페인 국민에게 큰 부담이 되었다는 사실에는 변함이 없었다. 또 교회의 지원만으로는 스페인의 전쟁 비용을 충당할 수 없었다.

그리고 스페인은 기독교 세계에서 종교 개혁이 일어났을 때도 가톨릭교회를 지지하는 태도를 바꾸지 않았다. 이것이 십일조 등 교회세의 속박에서 벗어날 수 없게 만든 것이다.

소비세 부담으로 타격을 받다

스페인은 신실한 가톨릭 국가이며, 국민은 모두 십일조를 냈

• 제1차 세계대전 이전까지 유럽에서 통용된 화폐 단위로 1284년 베네치아 공화국의 통화로 도입되었다.

다. 국가로서는 국민에게서 그 이상의 직접세를 거두기는 어려운 상황이었다. 이 때문에 스페인은 '알카발라'라고 불리는 소비세로 재원을 보충하려고 했다. 이것이 스페인을 쇠퇴시킨 가장 큰 원인으로도 꼽힌다.

알카발라 소비세는 중세 무렵 이슬람권에서 도입되었다. 대항해 시대부터 스페인은 알카발라를 세수의 주축으로 삼았다. 처음에는 부동산이나 일부 상품의 거래에만 부과되었고, 세율도 그다지 높지 않았다. 초기에 알카발라가 부과된 지역은 국왕의 직접적인 영향력 아래 있는 카스티야 지방뿐이었다.

그런데 16세기 후반 스페인은 재정 문제가 심각해지자 카스티야 지방에 직접세, 소금세 등 새로운 세금을 만들려고 했다. 그때까지도 카스티야 지방에는 여러 차례 '세르비시오'라고 하는 임시 상납금을 부과해 왔다. 스페인 국왕 펠리페 2세가 재정적으로 의지할 수 있는 곳은 직접 관할하는 영토인 카스티야밖에 없었다.

카스티야 지방의 주민들이 증세를 묵묵히 받아들일 리가 없었다. 새로운 세금이 만들어지면 반영구적으로 징수되므로, 새로운 세금 대신 세르비시오를 내겠다고 나섰다. 국왕은 일단 물러났지만, 세르비시오만으로는 재정 악화를 막을 수 없었다. 그래서 1575년에는 알카발라의 세율이 대폭 인상되었다. 그 결과 알카바라의 세수는 세 배로 늘어났다.

종교의 차이가 불러온 80년 전쟁

펠리페 2세는 알카발라 세금 제도를 다른 지역에도 도입하려고 했다. 첫 번째 대상이 된 지역은 네덜란드였다. 당시 네덜란드는 스페인에 속해 있었으며 경제적으로 매우 발전한 도시였다.

네덜란드는 종교 개혁 이후 급격하게 개신교가 늘어나면서 가톨릭의 보루를 자처하던 스페인 국왕과 대립했다. 스페인은 네덜란드로부터 여러 차례 특별세를 징수해 갔는데, 거기에 더해 알카발라를 도입하려고 한 것이다. 네덜란드 사람들은 격렬하게 반발하며 무장봉기를 일으켰다.

1568년에 시작된 네덜란드 사람들의 무장봉기는 약 80년 가까이 이어졌다. '네덜란드 독립전쟁' 또는 '80년 전쟁'이라고 불린다. 이 전쟁은 1648년 베스트팔렌 조약을 맺으며 '네덜란드의 독립 승인'이라는 결말에 이른다. 스페인은 이로써 경제 요충지를 잃고 말았다.

네덜란드 독립의 나비효과

스페인이 네덜란드와 80년 전쟁을 벌이는 동안 다른 지역에서도 불온한 움직임이 있었다. 1640년에는 포르투갈이 네덜란드와 비슷한 이유로 무장봉기를 일으켰다. 당시 펠리페 2세는 1580년부터 스페인과 포르투갈 양쪽의 국왕을 겸하고 있어 양국은 합병 상태였다.

양국은 처음에 양호한 관계를 맺었으나 스페인의 재정 악화로 포르투갈에도 소비세 알카발라를 도입하자 관계가 틀어졌다. 포르투갈의 경제는 큰 타격을 입었고 포르투갈 사람들은 스페인을 크게 원망했다.

네덜란드와 카탈루냐 지방 등 각지에서 잇따라 반란이 일어나자 때를 노리던 포르투갈 사람들도 1640년에 무장봉기를 일으켰다. 이 전쟁은 28년 동안이나 이어졌고 최종적으로 포르투갈의 독립이 승인되었다.

결국 신이 몰락시킨
'해가 지지 않는 제국'

스페인 재정의 악순환은 멈추지 않았다. 그럼에도 스페인은 알카발라의 과세 대상을 확대해 갔다. 1590년에는 식료품과 같은 생활필수품에도 부과되었다. 이 식료품 등에 부과된 소비세는 '미요네스Millones 세금'이라고 불렸으며, 국민들로부터 많은 원성을 샀다. 소비세는 오늘날에도 국가의 경기를 악화시키는 작용을 한다. 그러나 당시 스페인의 소비세 알카발라나 미요네스 세금은 그 정도가 더 심했다.

현재 세계 각국에서 부과되는 소비세는 대부분 최종적으로 상품을 소비하는 사람이 한 번만 소비세를 내는 구조이다. 하지만 당시 스페인의 소비세 알카발라는 거래될 때마다 소비세

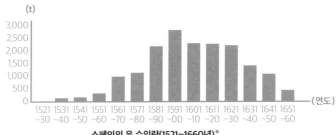

(t)

3,000
2,500
2,000
1,500
1,000
500
0

1521 1531 1541 1551 1561 1571 1581 1591 1601 1611 1621 1631 1641 1651
~30 ~40 ~50 ~60 ~70 ~80 ~90 ~00 ~10 ~20 ~30 ~40 ~50 ~60

(연도)

스페인의 은 수입량(1521~1660년)[●]

를 냈다. 그래서 수입품이나 먼 곳에서 들여온 상품은 상인들 사이에서 거래가 이뤄질 때마다 소비세가 부과되어 상품의 가격은 점점 더 올라갔다.

국왕의 입장에서는 이런 구조 덕분에 세수가 늘겠지만, 상품 하나에 높은 소비세가 붙으면 당연히 물가가 오르고 경기는 침체된다. 실제로 대항해 시대의 스페인에서는 물가가 크게 올랐다.

이러한 물가 상승은 아메리카 대륙에서 대량의 은이 유입되었기 때문이라는 말이 정설로 알려져 있다. 하지만 사실 스페인의 물가 상승은 은이 들어오기 전부터 시작되었다. 물가가 오르면 다른 나라보다 상품이 비싸지므로 자국 제품을 수출하기 어려워진다. 다른 한편으로 값싼 수입품이 국내 시장에 들어오게 되는 구조다.

세수가 늘고 물가가 오르면서 스페인의 국제수지는 점점 악화

● Hamilton EJ, 〈American Treasure and the Price Revolution in Spain〉(1501-1650)에서 발췌 작성.

되었다. 한편으로 세금을 면제받는 '귀족'은 크게 늘고 있었다. 이 시기에 스페인의 귀족은 급격히 증가했으며, 스페인 국왕의 직할령인 카스티야 지방의 귀족은 약 60만 명에 이르렀다.

어떻게 이만큼이나 귀족이 늘었을까? 계급이 낮은 나이트(기사, 최하급 귀족)나 이달고(작위가 없는 귀족) 등의 호칭은 돈을 주고 살 수 있었기 때문이다. 그리고 나이트나 이달고 같은 귀족 신분을 얻으면, 세금이 더는 부과되지 않았다. 세금은 오롯이 평민에게 부과되었다.

귀족이 늘수록 가난해진 국고

스페인 왕실은 재정난 때문에 나이트와 이달고 같은 호칭을 대대적으로 내놓았다. 이는 일시적으로는 재정에 도움이 되었지만 고액 납세자를 잃는 결과를 낳았다. 많은 국민이 과도한 세금에 허덕였고, 세금을 면제받은 부유층만 급격히 늘었다. 이는 로마 제국의 말기와 마찬가지로 국가가 쇠퇴해 가는 매우 전형적인 형태였다.

스페인 왕실은 왕이 관할하는 직할령까지 매물로 내놓았다. 이 또한 일시적으로는 재정을 호전시키지만 수입원을 줄이므로, 장기적으로 보면 큰 손실을 가져오게 된다. 다른 방법이 없었던 스페인은 스위스 등의 은행가들에게 돈을 빌렸고, 점차 빚이 불어나 이자는 급격히 올라갔다. 1520년대에는 17.6퍼센트였지만, 1550년대에는 48.8퍼센트에 이르렀다.

남아메리카의 은 광산에서 실어 오는 대량의 은silver은 스페인의 카디스항에 도착하자마자 다시 유럽 각지로 보내졌다. 국제수지 결제와 국왕의 빚을 갚기 위해 각지의 상인들에게 전달된 것이다.

스페인의 국제수지와 재정 악화는 해운업에도 심각한 영향을 미쳤다. 16세기 후반까지 스페인은 영국과 프랑스의 두 배에 달하는 상선을 보유했다. '무적함대'의 기반이 된 상선이었다. 그러나 17세기가 되자 선박 수가 75퍼센트 이상 급격하게 줄면서 스페인 항구는 외국의 배들로 가득 차게 되었다. 스페인의 조선업 역시 거의 무너진 것이다.

당시에는 평소 상선으로 사용하던 선박을 전시에 군함으로 이용하는 경우가 많았기 때문에 해운업의 쇠퇴는 곧 해군력의 쇠퇴를 의미했다. 다시 말해 스페인의 무적함대가 급속히 힘을 잃게 된 것은 스페인의 국제수지와 재정의 악화, 나아가 교회에 대한 부담이 너무나 컸기 때문이라고 할 수 있다.

영국과 아일랜드의 갈등이 왜 종교 때문이라는 걸까?

개신교는 가톨릭의 부패를 바로잡기 위해 탄생했지만, 이 또한 마냥 선량하다고 할 수 없는 종교였다. 오히려 종교가 지닌 독선적이고 배타적인 성격은 더 강했다.

개신교의 잔학성이 가장 여실히 드러난 곳은 영국이다. 영국은 중세부터 20세기까지 전 세계에 식민지를 두고 일곱 군데 바다를 지배했다. 유럽 북서쪽에 위치하며 그레이트브리튼섬의 잉글랜드, 스코틀랜드, 웨일스와 아일랜드섬 북쪽의 북아일랜드로 이루어진 국가이다. 그레이트브리튼섬과 아일랜드섬은 개신교와 가톨릭의 싸움의 축소판이라 할 수 있다. 이 싸움은 현대까지 이어지고 있다.

원래 영국은 그레이트브리튼섬에서 탄생한 나라이다. 아일랜드섬은 영국의 입장에서는 어중간한 존재였다. 바로 근처라 사람들의 왕래도 잦았다. 그레이트브리튼섬과 아일랜드섬 사이의 최단 거리는 22킬로미터 정도에 불과하다. 중세부터 영국은 국책으로 아일랜드 북부로 이주를 권유하는 등 본국의 일부로 취급했다. 그러나 정치적 의미에서 명확한 통일을 이루지는 못했다.

16세기 중반 영국의 헨리 8세는 아일랜드 왕을 자처했지만 아일랜드의 귀족들은 이를 인정하지 않았다. 이윽고 1649년 올리버 크롬웰Oliver Cromwell의 원정 이후 아일랜드는 정식으로 영국의 지배 아래 들어갔다.

크롬웰은 잉글랜드 동부 헌팅던주의 명문가 출신으로 청교도(영국 국교의 개혁을 주장한 개신교의 한 교파)로서 정치 활동을 펼쳤다. 그는 1642년부터 시작된 청교도 혁명에서는 사령관으로서 수많은 전투에서 승리를 거두고, 스튜어트 왕조를 무너뜨린 상징적 인물로 평가된다. 그는 스튜어트 왕조를 무너뜨린 뒤 아일랜드로 원정을 떠나 무력으로 아일랜드를 평정한다. 그 뒤로 아일랜드는 영국의 식민지와 같은 처지에 놓인다.

영국과 아일랜드 갈등의 원인

영국과 아일랜드 사이에는 종교적 대립이 있었다. 영국의 본국인 그레이트브리튼도, 아일랜드도 원래는 가톨릭 국가였다. 그러나 유럽에 불어 닥친 종교 개혁의 영향으로 1534년 영국 왕가는 개신교로 개종했다. 그에 따라 그레이트브리튼 전체가 개신교를 받아들이게 되었다.

영국이 종교 개혁을 계기로 개신교를 받아들인 반면, 아일랜드의 주민들은 특별히 개종하지 않았고 그대로 가톨릭 신자로 남은 경우가 많았다. 그래서 영국이 아일랜드를 지배 아래 두었을 때 심각한 갈등이 발생한 것이다.

영국은 아일랜드에 개신교를 강요했고 아일랜드 사람들은 격렬하게 저항했다. 그러나 아일랜드는 저항 전쟁에서 패배했고, 얼스터 지방(북부 여섯 개 주)에서는 수많은 사람이 죽고 대부분의 토지를 영국에 몰수당했다.

영국 정부는 얼스터 지방으로 농민들을 이주시켰다. 그래서 지금도 얼스터 지방에는 적지 않은 개신교 영국인들이 산다. 이때 영국의 본국 사람들이 아일랜드의 많은 땅을 차지하게 되었다.

종교가 다르다고
수백만 명을 굶겨 죽인 나라

아일랜드 농민들은 농지 3분의 2에는 밀 등을 심고 나머지 3분의 1의 척박한 농지에는 감자를 심었다. 수확한 밀 등의 곡식은 영국 본국의 지주에게 보냈고, 자신들은 감자를 먹고 살았다. 감자는 의외로 병해에 약한 성질을 지녀 때때로 흉작이 들기도 했다. 결국 1845년에 병해로 인한 대기근이 일어났다. 미국에서 발생한 병해가 유럽으로 번지면서 유럽 전역의 감자밭이 쑥대밭이 되었다.

특히 아일랜드는 심각한 타격을 입었다. 주식인 감자 수확이 40퍼센트나 감소했다. 그런데 영국 정부는 별다른 구제책을 내놓지 않아 아일랜드 사람들은 굶주림으로 숱하게 죽어 나갔다.

1841년 당시 아일랜드 인구는 800만 명 정도였는데, 감자 대기근이 끝난 뒤 1851년에는 650만 명으로 줄었다. 감소한 150만 명 중 약 100만 명은 미국 등으로 이주했고 나머지는 굶주림으로 죽은 것으로 추정된다. 미국인 가운데 아일랜드 출신이 많은 이유도 이때 사건 때문이다.

아일랜드를 외면한 영국

1840년대는 영국이 아편전쟁을 일으켰던 때로, 대영 제국이 전 세계에 세력을 떨치던 시기였다. 당시 영국 정부는 세계에서 가장 많은 돈을 가졌다. 그런데도 기아에 신음하는 자국민을 제대로 구제하지 않았고 수많은 사람이 굶어 죽게 내버려 두었다. 이는 아일랜드 사람들이 품었던 영국 본국에 대한 좋지 않은 감정을 더욱 부추겼다. 아일랜드인들은 아무리 탄압을 당해도 영국 본국에 대한 저항을 멈추지 않았다. 여기에는 영국 본국과 아일랜드의 종교적 대립도 영향을 미쳤다고 본다.

18세기가 되자 미국의 독립과 프랑스 혁명 등의 영향으로 아일랜드 사람들도 영국으로부터 독립 운동을 시작했다. 영국은 이러한 움직임을 막기 위해 반대로 아일랜드를 정식으로 합병해 버렸다. 1801년에 벌어진 일이었다.

아직도 목놓아 독립을 부르짖는 사람들

영국에 대해 아일랜드 사람들이 좋은 감정을 가졌을 리가 없었다. 오히려 강한 반영反英감정을 가진 사람이 많았다. 아일랜드 사람들의 반영 감정은 19세기 말 정점에 달했다. 당시 유럽 각지에서 독립의 바람이 불었고 아일랜드에서도 독립 운동이 일어났다. 그러나 영국은 완강하게 아일랜드 독립을 인정하지 않았다.

1922년 제1차 세계대전이 끝난 뒤, 거듭되는 혼란 속에서 아일랜드는 사실상 독립을 이뤘다. 그 뒤 1949년에는 국제 사회의 인정을 받아 아일랜드 공화국이 정식으로 탄생했다.

이때 영국은 아일랜드섬 전체의 독립을 인정하지 않았다. 과거 아일랜드를 침공한 영국의 이주 정책으로 북아일랜드에는 영국에서 온 개신교도들이 많았다. 이 때문에 북아일랜드의 일부 지역은 독립시키지 않았다.

독립 협상에서 영국은 로이드 조지Lloyd George 등 노련한 정치인들이 대응했다. 협상에 익숙하지 않은 아일랜드 측이 현실적 타협을 선택하게 했다. 전체 섬이 아닌 분리 독립을 받아들이게 한 것이다. 또한 영국 연방의 일원으로 남아 왕실에 충성한다는 약속을 받아 냈다.

여전히 심각한 북아일랜드 분쟁

아일랜드 공화국으로 독립한 지역은 아일랜드섬의 남부(주요 부분)였으며, 북부의 얼스터 지방 중 여섯 개 주는 영국령으로 남았다. 아일랜드섬 안에서 아일랜드 공화국령과 영국령으로 나뉘었다. 아일랜드 국민은 영국의 이러한 조치에 납득하지 않고 아일랜드섬 전체를 아일랜드령으로 삼을 것을 요구하며 테러 활동을 시작했다. 이것이 이른바 '북아일랜드 분쟁'이다.

북아일랜드에서는 아일랜드 사람들이 무장 조직 아일랜드 공화국군IRA을 만들었고, 1960년대 말부터 1980년대까지 테러를 거듭 일으켰다. 영국 정부도 강력하게 대응했다. 북아일랜드에 군을 파견해 발포하기도 했다. 1969년부터 30년 동안 3,000명 이상이 희생되었다고 한다.

북아일랜드에는 영국계 주민도 많기 때문에 그들도 가만히 있지는 않았다. IRA에 맞서 개신교계 주민들의 무장조직 얼스터 의용군UVF도 만들어져, 양 진영의 피로 피를 씻는 테러전이 벌어졌다.

북아일랜드 분쟁은 1998년 평화협정에 따라 북아일랜드 자치 정부를 인정하면서 종식되었다. 그러나 여전히 폭동은 간간히 일어나고 있다.

태양왕은
사실 파산왕이다?

고대부터 근대까지 유럽에서 절대적인 재정 권력을 쟁취한 로마 가톨릭교회는 프랑스 혁명과 나폴레옹 보나파르트Napoléon Bonaparte의 등장으로 큰 타격을 입게 되었다. 재정 권력 또한 크게 약화되었다.

프랑스 혁명이라고 하면 흔히 '사치를 일삼던 왕실'에 분노한 '과도한 세금에 허덕이던 민중'이라는 구도로 설명된다. "빵을 달라"라며 외치는 민중을 향해 왕비 마리 앙투아네트Maria Antonia가 "빵이 없으면 케이크를 먹으면 되지 않느냐?"라고 했다는 이야기도 전해진다(그러나 이는 마리 앙투아네트가 실제로 한 말이 아니라고 알려졌다).

어쨌든 막대한 재물과 권리를 가진 프랑스 국왕과 고통을 받는 민중이라는 이미지는 우리의 역사관 속에 깊게 자리 잡았다. 그리고 프랑스 국왕이라고 하면 '절대 왕정'이라는 말이 떠오르듯 절대 권력을 거머쥐고 국민을 괴롭혔다는 인상이 있다.

하지만 사실 프랑스 국왕은 그 정도로 막강한 권력도, 막대한 재산도 없었다. 도리어 역대 프랑스 국왕들은 여러 차례 파산을 하기도 했다. 유럽의 다른 국왕들도 별반 다르지 않았다.

유산으로 빚을 물려준 프랑스 국왕들

프랑스 국왕은 왜 몇 차례나 파산 지경에 몰려야만 했을까? 바로 재정 기반이 약했기 때문이다. 성직자(교회)와 귀족은 막강한 힘을 지녔고, 이들은 국가에 대한 세금을 면제받았다.

프랑스 혁명 이전의 프랑스 인구는 2,300만 명으로 추정된다. 그중 성직자는 10만 명에 불과한데도 그들이 소유한 토지는 전국의 10분의 1에 이르렀다. 성직자들은 정해진 세금을 내는 대신 자신들이 정한 금액을 국가에 납부했다.

귀족 또한 40만 명이 채 안 되었지만, 프랑스의 90퍼센트 이상의 부를 독차지했다. 즉, 당시 프랑스에서 성직자와 귀족을 제외한 민중의 삶은 피폐해질 대로 피폐해진 상태였던 것이다. 국왕은 그런 민중에게 세금을 징수하고 주변국과 전쟁을 치르는 데 필요한 비용 등을 확보해야 했다.

프랑스 혁명 당시 국왕 루이 16세Louis XVI도 엄청난 빚을 안고 있었다. 전임 국왕의 7년 전쟁과 미국의 독립전쟁 지원 등의 전쟁 비용 때문에 프랑스의 빚은 30억 리브르(한화 약 8천 억)에 달했다.

그때까지 몇 차례 채무불이행을 선언했던 프랑스는 금융가로부터 신용을 잃었다. 이 때문에 이자는 5~6퍼센트로 높았고, 이자만 해도 연간 2억 리브르 가까이 지급해야 했다. 당시 프랑스의 국가 수입이 2억 6,000만 리브르 정도였고, 세입의 대부분이 이자를 무는 데 쓰였다.

사실 루이 16세는 상당히 국민을 염려했던 왕이었던 듯하다. 재정 위기 때 국민에게 더 이상의 세금은 걷지 않고, 귀족이나 교회(성직자)에게 세금을 부과하려고 했기 때문이다. 역대 프랑스 국왕들도 사실은 귀족이나 교회에 세금을 더 내라고 압박하기도 했다. 그러나 대부분의 국왕이 귀족과 교회의 심한 반발로 과세를 포기하고 말았다.

프랑스 혁명은 '이들'에게 세금을 부과하려다가 일어났다

루이 16세는 1777년 스위스의 은행가 자크 네케르Jacques Neker를 재무장관으로 발탁했다. 여기에는 스위스 금융계에 넓은 인맥을 가진 네케르를 등용하여 스위스로부터 금융 지원을 받으려는 의도가 다분했다. 당시 스위스는 프랑스의 중요한 자금 조달처였기 때문이다.

또 하나 중요한 의도가 있었다. 국내에 아무 연고가 없는 외국인을 재무장관으로 기용함으로써 귀족과 교회가 가진 특권을 배제하려던 것이다. 이에 프랑스 교회와 귀족들이 맹렬히 반발했다. 그들은 '팸플릿'을 대량으로 발행해 네케르를 공격했다. 당시 프랑스에서는 오늘날의 소책자와 같은 얇은 팸플릿이 다

자크 네케르

수 발행되어 시민에게 널리 읽혔던 때였다. 개신교인이었던 네케르는 가톨릭교인이 많은 프랑스에서 공격 대상으로 삼기에도 좋았다. 이와 같은 내용의 팸플릿이 파리 전역에 범람했다.

'스위스의 부유한 은행가가 프랑스의 부를 가로채려고 한다.'

네케르 또한 강력한 대항책을 내놓았다. 국가의 세입과 세출 내용을 시민들에게 공표한 것이다. 그때까지 한 나라의 재정은 철저히 비밀에 부쳤다. 오늘날에는 상식처럼 여겨지지만, 근대 이전의 국가에서는 재정 내용을 결코 공표하지 않았다. 네케르로서는 자신의 결백을 증명하기 위한 고육지책이었다.

하지만 이 국가 재정 공표는 프랑스 시민들에게 커다란 충격을 안겼다. 국가 세입 2억 6,000만 리브르 중에서 왕가에 대한 지출이 2,500만 리브르나 되었기 때문이다. 국민의 연간 수입이 100리브르 전후였으므로 2,500만 리브르는 상상도 할 수 없는 금액이었다.

당시 프랑스에서는 흉작이 거듭되어 서민들의 생활은 매우 궁핍했다. 네케르의 회계 공표로 민중의 비판의 화살은 왕실로 향하게 되었다. 네케르는 자신에게 쏟아지는 귀족들의 비판을 피하기 위해 국가 재정을 공개했지만, 뜻하지 않게 국왕이 공격의 대상이 되고 말았다. 네케르는 이 회계 공표 덕에 프랑스 시민의 강력한 지지를 얻게 되었다.

- 이만큼 구체적인 숫자를 밝힌다는 것은 네케르가 결백하다는 것.
- 네케르는 개혁에 강한 의지를 가지고 있다는 것.

이 두 가지가 프랑스 시민들이 네케르를 지지한 이유였다.

네케르 파면이 부른 프랑스 혁명

반면 루이 16세는 자신에게 엄청난 비판이 쏟아지자 1781년 네케르를 일단 파면했다. 그러나 프랑스 시민들의 압도적인 지지를 받아 네케르는 7년 뒤인 1788년 재무장관으로 복직했다.

이듬해인 1789년 루이 16세가 다시 네케르를 파면하자 파리 시민들은 격분했다. 당시 루이 16세는 삼부회를 개최하여 귀족과 성직자에게도 세금을 부과하려고 했다. 그러나 파리 시민들의 분노는 걷잡을 수 없이 커져 봉기로 발전했고, 결국 프랑스혁명이 일어났다.

당시 가톨릭교회도 적대시되어 많은 교회가 약탈 등의 피해를입었다. 수만 명의 성직자가 희생되었다. 기독교 관련된 것은 거의 모두 파괴되었고, 교회령은 모두 일시적으로 국가에 몰수되었다. 이후 프랑스 혁명 정부가 로마 가톨릭교회와 화해하면서교회에도 일정한 권리를 인정했다. 그러나 그 힘은 현저히 약화되었다.

프랑스 혁명 시기에 등장한 나폴레옹은 1798년 로마를 점령하고, 로마 가톨릭교회도 자신의 관리 아래 두었다. 그는 로마가톨릭교회를 배척하지 않았지만 광대한 교회령은 나폴레옹의명령으로 세워진 로마 공화국의 소유가 되었다. 나폴레옹의 실각 후 교회령은 다시 로마 가톨릭교회의 소유로 돌아왔지만, 한번 떨어진 교회의 재력과 권위는 회복하기 어려웠다.

근대에 들어서고 영국, 프랑스, 이탈리아에서도 로마 가톨릭교회의 영향력이 크게 줄어들게 되었다.

4장

나라 안
최고의
재벌이 된
사찰들

불교

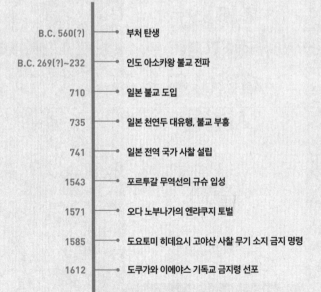

B.C. 560(?)	부처 탄생
B.C. 269(?)~232	인도 아소카왕 불교 전파
710	일본 불교 도입
735	일본 천연두 대유행, 불교 부흥
741	일본 전역 국가 사찰 설립
1543	포르투갈 무역선의 규슈 입성
1571	오다 노부나가의 엔랴쿠지 토벌
1585	도요토미 히데요시 고야산 사찰 무기 소지 금지 명령
1612	도쿠가와 이에야스 기독교 금지령 선포

고통의 고리를
끊기 위해 태어난 신

세계 3대 종교라고 하면 흔히 기독교, 이슬람교, 그리고 불교를 말한다. 불교는 기원전 5~6세기 무렵 고대 인도의 히말라야 산기슭(현재 인도와 네팔의 국경 지대)에서 태어난 붓다Buddha가 창시한 종교이다. 붓다는 석가모니의 또 다른 이름으로 부처라고도 한다.

붓다는 고대 인도의 '석가 족'이 다스리는 작은 왕국 카필라의 왕자였다. 당시 인도에서는 브라만교(현재 힌두교)가 번영하고 있었다. 브라만교에는 엄격한 신분 제도가 있었는데, 이른바 '카스트 제도'이다. 카스트 제도는 브라만(승려), 크샤트리아(귀족, 무사), 바이샤(평민), 수드라(천민, 노예) 등 크게 네 개의 신분으로 나뉘었다. 네 개 카스트 안에서도 세세한 구분이 있었다.
카스트 제도를 뒷받침하는 사상은 사람은 수없이 윤회와 환생을 거치며 전생의 업이 이번 생의 신분에 반영된다는 것이었다. 그러므로 노예로 태어난 사람은 '전생에 악업을 지었기 때문에 현생에 노예로 태어났다'라고 봤다.

하지만 혹독한 수행을 거쳐 해탈하면, 윤회와 환생의 고리에서 벗어날 수 있다고 생각했다. 또한 해탈의 경지에 이르면 생로병사, 희로애락 등 모든 고통에서 해방된다고 믿었다. 브라만교에도 여러 종파와 사상이 있었지만, 이것이 브라만교의 기본 사상이었다.

붓다도 처음에는 브라만교 수행자였다. 왕가에서 태어난 붓다는 자신의 삶에 의문을 품고 삶의 고통을 해결하는 법을 알아내기 위해 수행을 시작했다. 당시 많은 사상들과 수행 방법도 다양했지만, 거기에는 공통점이 하나 있었다. '고행 끝에 깨달음을 얻는다'라는 점이었다. 단식을 하거나 몸에 끊임없이 고통을 주는 고행을 해야만 해탈할 수 있다는 믿음이었다.

붓다는 혹독한 고행을 오랫동안 했다. 호흡을 멈추기도 하고, 뼈와 가죽만 남을 정도로 음식을 거의 먹지 않기도 했다. 그리고 '고행을 해도 아무 소용이 없다'라고 확인했을 때 붓다는 주저 없이 고행을 끝냈다. 고행을 마친 붓다에게 수자타라는 친절한 여인이 우유를 섞어 끓인 유미 죽을 가져다 줬다. 붓다는

불교도 0.8
시크교도 1.9
기독교도 2.3
이슬람교도 13.4
자이나교도 0.4
기타 0.7

인도의
종교별 인구
2001년
(숫자: %)

힌두교도
80.5

힌두교의 침투

죽을 음미하며 비로소 깨달았다고 한다.

- 고행을 통해 해탈에 이르러 인생의 모든 고통에서 벗어날 수는 없다.
- 생로병사, 희로애락을 있는 그대로 받아들인다.
- 이 세상에는 성도 속도 없고, 사람에게는 귀천이 없다.

그렇게 불교의 사상이 생겨났다. 즉, 붓다는 '혹독한 수행을 거친 자만이 인생의 모든 문제를 해결할 수 있다'라는 브라만교의 사상을 부정한 것이었다.

'인생을 있는 그대로 받아들인다'라는 붓다의 가르침은 누구나 쉽게 이해하고 실행할 수 있었기에 급속하게 퍼졌다. 또 붓다는 '사람에게는 구별이 없다', '전생의 업으로 현생의 신분이 결정되는 일은 없다'라며 브라만교의 공고한 신분제도를 비판했다. 실제로 붓다는 당시 가장 멸시를 받던 창녀에게도 기꺼

이 설법을 했으며 제자로 삼기도 했다.

초기 불교 경전에 따르면 붓다는 제자들에게 어려운 가르침을 설파하거나 수행을 시킨 일도 없었으며, 누구나 알기 쉬운 말로 세상의 도리를 설명했다. 붓다는 죽기 직전에도 제자들에게 "앞으로는 세상의 도리와 자기 자신을 등불로 삼고 자신을 의지하며 살아가라"는 가르침을 남겼다. 붓다는 생전에 누구에게도 엄격한 수행과 어려운 교리로 짐을 지우지 않았으며, "누구나 자기 자신을 믿고 살아가면 된다"라고 전했다.

다시 고행으로 돌아가다

초기 불교 경전에 누구나 이해하기 쉽고 바로 실천할 수 있는 가르침이 담겼다는 사실은 예로부터 잘 알려져 있다. 또한 불경에 기록된 설화 가운데 누구나 이해하기 쉽고 바로 실천할 수 있는 가르침이 인기가 높았다.

그런데 후세의 불교 교단은 이를 불교의 본질로 삼지 않았다. 불교의 본질은 '오랜 수행 끝에 터득할 수 있는 것'이라고 내세웠다. 붓다의 가르침처럼 '누구나 이해하기 쉽고 바로 실천할 수 있는 것'이라면 불교 교단과 승려들은 더 존재할 의미가 없어진다. 누구나 바로 실천할 수 있다면 지도하는 승려가 필요 없기 때문이다. 그들 입장에서는 설령 그것이 거짓일지라도 불교는 어렵고 엄격해야만 했다. 이후 붓다의 제자를 자처하는 사람들은 교단을 만들었고, 경제 규모가 커져감에 따라 교리는 점점 어려워졌다. 엄격한 수행도 하게 되었다.

신도를 확보하고 기부를 늘리기 위해서는 불교의 가르침에 '고마움'을 느끼도록 해야 했다. 고마움을 한층 더 크게 만들려면 불교의 가르침은 쉽게 얻을 수 없는 것인 편이 유리했다. 승려들은 교리를 어렵게 만들고 엄격하게 수행함으로써 자신들에게 위엄을 부여하고 신도와 기부를 늘리고자 했다.

기독교에서 '교회를 통해서만 신과 연결될 수 있다', '교회는 신과 연결될 수 있는 유일한 창구'라는 방향으로 기울어진 논지와 흡사하다. 종교는 이런 식으로 비즈니스화 되어 간다. 전통이 깊은 종교든 신흥 종교든 종교 비즈니스화의 기본 구조는 앞으로도 변하지 않을 것이다.

불경은 오래된 것일수록 엄격한 수행이나 어려운 교리에 대한 기술이 없다. 가장 오래된 불경으로 여겨지는 원시 불경에는 누구나 알기 쉽고 실천할 수 있는 내용이 담겨 있다. 불교는 본래 그런 것이었다. 또 원시 불경에는 '종교 의식은 의미가 없다'고 단언하는 기술이 많다. 오늘날의 불교는 '종교 의식 그 자체'이므로 붓다의 가르침과 정반대의 길을 갈 가능성이 높다.

고된 수행을 거치면 모든 것을 초월한 사람이 될 수 있다.

이러한 사상은 인간의 나약한 이면을 보여주기도 하며, 오늘날까지도 만연한 사고방식이기도 하다. 전통 깊은 불교 종파 중에 이러한 사상을 지닌 곳도 많다. 혹독한 수행을 완수한 스님을 칭송하는 경향도 있다.

그러나 붓다가 깨달은 사상은 이것과는 정반대이다. 오래된 불경일수록 '고행은 어리석은 짓', '세상을 있는 그대로 받아들이라'는 식의 문구가 많아진다. 가장 오래된 불경으로 알려진 《숫타니파타》의 제4장과 제5장에서 여실히 드러난다.

붓다는 고행을 멈추고 깨달음을 얻었다. 그런데도 사람들은 어리석게도 시간이 지남이 따라 '고행을 하면 모든 것을 초월할 수 있다', '고행한 사람은 훌륭하다'라는 방향으로 생각이 기울어졌다. 그러면서 새로운 불경에는 고행을 장려하는 듯한 내용이 늘어났다.

붓다의 가르침과
반대로 발전한 불교

불교는 발상지인 인도에서는 정작 널리 퍼지지 못했다. 가장 큰 이유는 브라만교가 확고부동한 세력을 유지했기 때문이다. 그리고 아소카 왕Ashoka the Great의 종교 정책에서도 한 가지 이유를 찾을 수 있다.

아소카 왕은 초기 불교에 커다란 영향을 미친 인물이다. 기원전 4세기부터 기원전 2세기 무렵까지 인도의 거의 전역을 통치한 마우리아 왕조의 3대 왕으로, 불교의 역사를 이야기할 때 빼놓을 수 없는 존재이다. 아소카 왕은 붓다 사후 200여 년 뒤에 왕위에 올라, 당시 신흥 종교였던 불교에 입신하여 교단을 보호했다. 아소카 왕의 보호 덕분에 불교는 널리 퍼져 나갔다. 또한,

불경 편찬에도 힘을 기울였다. 대부분의 초기 불경은 아소카 왕의 지원으로 채집과 편찬이 추진되었다고 한다.

그런데 아소카 왕은 불교만이 아니라 전통적인 브라만교나 불교와 비슷한 시기에 탄생한 자이나교 등 모든 종교를 존중하고 관용했다. 사실 아소카 왕은 이복형제를 100명 가까이 죽이면서 왕위를 지켰고, 세력을 확대해 나가는 과정에서도 몇 만 명을 학살했다고 한다. 자신의 잔혹한 행위에 깊은 회한을 느끼고 속죄하기 위해 각종 종교를 보호했다고도 볼 수 있다.

또 종교 간의 갈등을 해결하고자 다른 종교의 가르침에도 귀를 기울이라고 권고했다. 아소카 왕은 붓다의 가르침을 깊이 이해했다기보다 종교의 힘을 빌려 나라를 평온하게 만들려고 했다. 그래서 불교도 브라만교도 '모두 보호하고 존중할 것이니 서로 공존하며 평화롭게 지내라'는 입장을 취했다. 그는 종교 간의 다툼을 법으로 금지하기도 했다.

결국 브라만교에 흡수되다

이러한 아소카 왕의 결정은 국가의 통치 방법으로는 매우 현명한 처사였다. 종교 간의 다툼은 예나 지금이나 사회를 분열시키기 때문이다. 그런데 종교 간의 유화 정책으로 불교에서 가장 중요한 교리 부분이 사라졌다.

앞에서 말했듯이 불교는 브라만교와는 명백히 다른 방향을 향했다. 브라만교가 '고행 끝에 깨달음을 얻는다'라는 것이 최대의 목표였다면, 불교는 그런 발상을 부정하는 것이 교리의 기본이었다. 결국 불교와 브라만교는 정반대라고 할 수 있다.

그럼에도 아소카 왕은 각각 종교를 보호하고 서로 공존하며 평화롭게 지내도록 강제했다. 그렇기 때문에 각 종교가 동화된 부분도 적지 않다. 실제로 초기 불경에는 불교 교단에 많은 브라만교인들이 들어왔다는 기록이 남아 있다. 즉, 아소카 왕의 종교 정책은 불교가 붓다의 가르침과 정반대 방향으로 향하게 된 요인의 하나라고 볼 수 있다.

현재 불교에서는 엄격한 수행을 강조하고 어려운 교리를 익히기를 요구한다. 원래 붓다의 가르침과는 완전히 모순된다. 이 모순은 불교와 브라만교를 뒤섞어 하나로 만든 데서 생겨났다고 본다. 또한 이 모든 종교에 관용적인 정책 때문에 결국, 인도 지방에서 불교는 브라만교에 흡수되었다. 그 결과 불교는 인도에서 쇠퇴하게 된 것이다.

불교는 인도보다
'이 나라'에서 더 흥했다

불교는 인도 주변의 중국과 한국, 남아시아 여러 나라로 퍼졌다. 하지만 중국에서든 남아시아에서든 불교가 장기간 정치 경제에 큰 영향력을 미치는 일은 거의 없었다. 중국에서는 일시적으로 정치 지도자 가운데 불교 신앙을 가진 사람이 많은 시기도 있었지만 장기간 지속되지는 않았다. 유교 등 다른 종교의 세력이 컸고 이를 뒤집을 만큼의 세력을 불교가 확보하지 못했기 때문이다. 또한 남아시아 여러 나라에는 상당히 늦게 불교가 전파되어 불교 자체가 나라의 기반이 되기도 어려웠다.

그런데도 어떤 나라에서는 장기간 불교가 정치 경제의 중추를 지배했다. 바로, 일본이다. 일본에서는 불교가 710~794년의

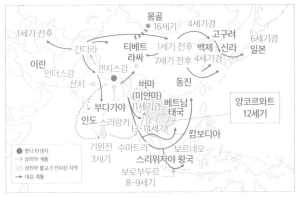

불교의 전파

나라 시대부터 1,000여 년에 걸쳐 정치·경제에서 큰 힘을 가졌다. 이는 지금 일본의 종교와는 비교할 수 없다. 일본 경제의 중심을 불교가 단단히 틀어쥐었으며, 그 영향력은 중세 유럽 기독교에 버금갈 정도였다.

6세기 말, 마침 불교가 일본에 전래되어 서서히 퍼지고 있었다. 당시 조정의 지도자였던 쇼토쿠 태자聖德太子는 국가 체계를 잡아 나가기 위해 불교를 국가의 기반으로 삼았다. 이로써 불교는 일본의 국교처럼 자리 잡았고 정치 경제에도 막강한 영향력을 행사했다.

법의 혜택을 받아 성장하다

8세기에 천연두가 유행하자 불교의 존재감은 더욱 커졌다.

735년부터 737년 사이에 일어난 천연두 대유행은 한 국가에 큰 타격을 주었다. 천연두로 당시 인구의 20퍼센트가 넘는 100만 명 이상이 사망했다. 당시 조정의 주요 인물들도 한꺼번에 희생되었다. 조정은 서둘러 대책을 마련해야 했다.

그러나 아직 과학이 발전되지 않은 당시에는 천연두에 대응할 의학적 대책법이 없었다. 자연히 신과 부처, 즉 '신불'에게 의지할 수밖에 없었다. 당시의 쇼무 천황聖武天皇 역시 신불에게 해결책을 구하며, 741년 일본 전역에 국가에서 관장하는 사찰과 비구 사찰을 세우고 수도에는 그것을 통괄하는 사찰인 '도다이지'를 건립할 것을 명령했다. 그리고 2년 뒤, 743년에는 도다이지에 대불을 주조하게 했다. 대불의 주조 비용을 조달하기 위해 시행한 것이 '간전영년사재법'이다.

간전영년사재법은 새로 개간한 토지는 개간한 사람이 영원히 소유할 수 있게 해 주는 획기적인 법이었다. 그때까지 조정은 '모든 토지와 백성은 국가의 소유'라는 제도를 시행하고 있었다. 이는 조정이 백성에게 토지를 빌려주고(반전), 백성은 조용조라는 세금을 낼 의무가 있는(수수) '반전수수' 제도로, 나라 시대 이래 일본 사회를 지탱하고 있었다.

하지만 세금 부담이 매우 크다 보니 토지를 버리고 도망치는 사람이 급증해 국세가 줄어들었다. 이에 쇼무 천황은 이 제도를 크게 고쳐 간전영년사재법을 제정한 것이다. 이로써 모든 토지와 백성은 국가의 소유로 한 율령제의 원칙이 무너지게 되었다.

다만, 간전영년사재법에는 일정한 절차가 있었다. 우선 토지를 개간할 때는 개간 예정지를 국사(지방관)에게 신청해야 했고, 그 예정지가 인근의 농민에게 피해를 줄 수 있는 경우에는 허가하지 않았다. 또한 신청한 토지를 3년 이상 개간하지 않았을 때는 다른 사람이 개간을 신청할 수 있도록 해 주었다.

그리고 신분에 따라 개간할 수 있는 토지 면적에 제한을 두어 무제한으로 개간할 수 없었다. 그러나 사찰에는 면적을 제한하지 않았다.

749년 비로소 사찰에 대한 면적 제한이 마련되었다. 도다이지 4,000정町(1정은 약 3,000평)부터 시작하여 일반 사찰 100정까지로 제한되었다. 이는 친왕(천황의 아들이나 형제)이나 조정의 신하가 소유한 면적보다 훨씬 넓은 크기였다. 그래서 사찰 소유의 토지인 장원이 폭발적으로 증가하는 결과를 불렀다. 이로써 불교는 막대한 재력과 정치력을 가지게 되었다.

불교 세력은 어떻게 특권 계급이 되었을까?

불교 세력은 나라 시대부터 전국 시대에 걸쳐, 국가의 정치 경제의 중추를 잡은 '특권 계급'이 되었다. 극단적으로 말하자면 사회의 중심이라고 할 수 있는 존재였다.

당시의 사찰은 막대한 재물은 물론이고 강력한 무력도 보유했다. 더구나 치외법권적 권리까지 누리면서 그 광대한 부지 내는 독립 국가의 양상을 띠고 있었다.

예를 들어, 794~1185년 헤이안 시대 말기의 시라카와 상황(상황은 천황의 아버지나 조부를 말한다)은 세상에 자신의 뜻대로 되지 않는 것이 세 가지가 있다고 말했다.

- 가모가와강의 물
- 주사위의 눈
- 히에이잔산(일본의 시가현과 교토에 걸쳐 있는 산)의 승병(승려들로 조직된 군대)

가모가와강의 물은 항상 범람하여 홍수를 일으키므로 당시 교토 사람들의 걱정거리였다. 주사위의 눈은 당연히 뜻대로 되지 않는다. 이 두 가지는 세 번째 항목을 말하기 위한 서론에 불과하다. 핵심은 히에이잔산의 승병은 자신의 뜻대로 되지 않는다는 이야기였다. 즉, 히에이잔산 승병이 안하무인으로 행동하는 것이 개탄스럽다는 말이다.

헤이안 시대에 사찰은 이미 누구도 쉽게 손을 쓸 수 없는 존재가 되었다. 무신 정권이 되자 점점 가속화되었다. 1185~1333년 가마쿠라 시대 초기의 시인 후지와라노 사다이에藤原定家 는 "히에이잔산의 엔랴쿠지(일본 천태종의 본사와 같은 개념인 총본산 사찰)에는 처자식을 두고 고리대금업으로 거대한 부를 축적하는 등 나쁜 짓을 일삼는 승려들로 가득하다"라고 말했다.

스님은 지도자의 자식이었다

어떻게 사찰은 이토록 막대한 재력을 가지고, 정권의 말도 들지 않는 존재가 되었을까? 이는 사찰 내에 신분이나 지위가 높은 사람이 많았기 때문이다. 고대부터 귀족 가문에서는 후계자 다툼을 피하기 위해 가문의 상속자가 아닌 차남이나 서자들을 출가시키는 일이 흔했다.

예를 들어, 네 번이나 엔랴쿠지의 최고 책임자 자리에 오른 지엔慈圓 대승정은 최고 지위인 관백을 역임한 집안의 자식이었다. 중세 유럽 귀족들이 작위를 계승하지 못할 차남, 삼남을 성직자로 만드는 것과 비슷하다. 이는 무가의 세상이 되어서도 계속 이어졌다.

즉, 사찰에는 유력 귀족이나 유력 무가의 자제들이 많았다. 지체 높은 가문의 자제들은 거액의 금품이나 장원 등 집안의 막대한 지원을 받았다. 이것이 다시 사찰의 세력 확장으로 이어졌다. 그래서 사찰에 대해서는 정권조차 엄하게 간섭할 수 없었던 것이다.

15세기 중반부터 16세기 후반까지 이어진 일본 전국 시대의 불교 세력은 오다 노부나가[織田信長]에게 화공을 당하는 등 '박해를 받았다'는 이미지가 강하다. 그러나 노부나가가 엔랴쿠지를 불태워 잿더미로 만든 일은 결코 단순한 종교 박해가 아니었다. 믿기 어렵겠지만 1336년(무로마치 시대)부터 1590년(?)(전국 시대 전반)까지 일본의 자산은 대부분 사찰이 소유하고 있었다. 예를 들어, 히에이잔산의 엔랴쿠지가 보유한 장원 수는 현재 알려진 것만 해도 285개에 이른다. 엔랴쿠지의 옛 기록과 문서는 노부

• 도요토미 히데요시, 도쿠가와 이에야스와 더불어 전국 시대의 3대 무장으로 꼽히는 인물로 무장 통일의 기틀을 마련했다.

나가가 불을 지르면서 대부분 없어졌는데도 이 정도의 규모가 판명되었다면, 실제로는 이보다 훨씬 더 많았을 것이다.

게다가 엔랴쿠지의 장원은 오미(현재의 시가현)부터 규슈에까지 분포하고 있었다. 현존하는 기록으로 보아 오미의 장원 중 40퍼센트, 와카사(현재의 후쿠이현의 남서부)의 장원 중 30퍼센트는 히에이잔의 엔랴쿠지와 관련되었다고 추측한다.

전국에 광대한 영지를 소유한 사찰들

엔랴쿠지는 농지뿐만 아니라 교토의 번화가에도 넓은 영지를 가지고 있었다. 교토에 3정(약 9,000평)이나 되는 영지를 소유했다고 전해진다. 당시 교토는 일본의 수도이자 일본에서 가장 번화한 곳이었다. 그곳에 3정이나 되는 땅을 가지고 있었으니 지대地代만 해도 상당한 금액이었을 것이다.

엔랴쿠지뿐만이 아니라 다른 사찰들도 일본 전국에 상당한 장원을 소유했다. 기이국(현재의 와카야마현)에서는 전체 논의 80~90퍼센트가 사찰의 영지였다고 한다. 야마토(현재의 나라현)에서는 사찰의 소유가 아닌 땅을 찾기 어려울 정도였다.* 나라현은 나라에서 지방관을 둘 수 없을 정도의 지역이 된 것이다.

• 이토 마사토시, 《사찰세력의 중세(寺社勢力の中世)》.

사찰이 나라를 대표하는 대재벌이 된 이유

1508년 지도자를 보좌하는 직책이었던 호소카와 다카쿠니 細川高国는 통화에 관한 새로운 법령 '찬전령'을 내렸다. 찬전령은 깨지거나 타서 품질이 낮은 동전에 관한 법령이다. 당시에는 품질이 나쁜 동전이 나돌았으며 이에 대한 취급도 제각각이었기 때문에 유통에 지장을 주었다.

찬전령은 여덟 개의 부유한 단체에 내려졌다. 가장 먼저 여덟 개 단체에 공포함으로써 전국의 경제에 영향을 미치려 했다. 여덟 개의 부유한 단체가 당시 경제와 사회의 중심이었던 셈이다. 전국 시대의 '8대 재벌'이라고 할 수 있다.

여덟 개 중 네 개가 사찰 관련이다. 전국 시대 일본의 8대 재벌의 절반이 사찰이었다는 뜻이다. 그중 세 개는 히에이잔 엔랴쿠지와 관련이 있다. 히에이잔 엔랴쿠지는 일본의 8대 재벌 중 최대 재벌이었다. 이는 사찰 세력이 어느 정도 재력과 권세를 누렸는지를 보여준다.

예수회 소속의 선교사 루이스 프로이스Luis Frois는 한 사찰의 승려들에 대해 "그들은 부유했고 비단옷을 입고 금장식의 검과 단검을 지니고 있었다. 머리는 키의 절반의 위치까지 길러 묶고 있었다"라고 기록했다.

당시 비단옷은 상당한 부자들만 입을 수 있는 옷이었다. 비단 생산도 원활하지 않았기 때문에 대부분 수입품이었을 것이다. 또 금장식도 쉽사리 구할 수 있는 물건이 아니었다. 이를 통해서도 당시 승려들이 얼마나 부유했는지 알 수 있다.

돈이 돈을 벌게 만든 기부 문화

사찰은 어떻게 이토록 막대한 재력을 지닐 수 있었을까? 중세부터 사찰은 농지와 금전 등을 기부받았는데, 그것이 장원으로 발전해 갔다. 그러한 장원만으로도 넓이가 상당했다.

당시 사람들에게 사찰은 '신의 사자'이기도 했으므로 많은 사람들이 '사찰에 기부하면 구원을 받는다'라고 생각했다. 예를 들어, 교토의 니치렌 종파의 사찰 16곳의 회합 기록에는 1576년

기부를 요청한 지 불과 열흘 만에 1,200관문이 모였다는 기록이 남아 있다. 1,200관문은 쌀로 치면 1,000석(석石은 다이묘나 무가의 봉록 단위로 성인 한 명이 1년 동안 먹을 수 있는 쌀의 양에 해당한다) 안팎이다. 그만한 양이 불과 열흘 만에 모였다는 말이다.

그리고 그들은 광대한 장원을 이용해 대부업도 겸했다. 장원에서 나는 쌀이나 기부된 쌀은 전부 다 사찰에서 소비하기에는 양이 많았다. 그래서 남은 쌀을 이자를 받고 빌려주는 '출거'를 했다. 출거는 원래 국가가 가난한 농민에게 벼를 빌려주고 가을에 이자를 붙여 반환하도록 한 것에서 비롯되었다. 처음에는 빈민 대책이었지만 점차 이자 수입에 무게가 실리면서 어느새 국가의 중요한 재원이 되었다.

그러다가 개인이 출거하는 일도 생겨 이를 '사출거'라고 불렀다. 사출거는 이자가 매우 높았다. 즉, 고리대금이다. 이 고리대금을 대대적으로 행했던 곳이 사찰 세력이었다. 그중에서도 히에이잔은 중심적인 존재였다.

스님들은 어떻게
악덕 고리대금업자가 되었나

전국 시대의 히에이잔 엔랴쿠지는 일본 최대의 대부업체였다. 더구나 영업 방법 또한 매우 악랄했다. 높은 이자를 붙였고 연체가 되면 가차 없이 다시 거둬들였다. 엔랴쿠지는 상당히 오래전부터 대부업을 했다.

당시 대부업자는 '도소'라고 불렸다. 도소는 지금의 전당포와 거의 같은 역할을 했다. 물건을 담보로 잡고 돈을 빌려주었다. 교토에 있는 도소의 80퍼센트는 사찰과 연관이 있었다. 당시 교토는 일본의 수도이자 정치 경제의 중심지였다. 또 당시의 금융업은 대부업을 중심으로 돌아갔다. 그러니 히에이잔 등이 일본 수도의 금융을 쥐고 있었다고 말할 수 있다. 지금으로 말하면 도쿄 금융의 80퍼센트를 독점하는 기업인 셈이므로 얼마나 거대한 존재인지 짐작이 갈 것이다. 히에이잔 등은 교토만이 아니라 전국으로 세력을 떨쳤다. 사찰 한 곳이 일본 전국의 금융을 쥐었다고 해도 과언이 아니다.

승복을 입은 악덕 사채업자들

히에이잔은 곧 도소의 대명사이기도 했다. 히에이잔의 도소는 상당히 악질적이었다. 우선 이자가 매우 높았다. 표준적인 이자가 연이율 48퍼센트에서 72퍼센트였다. 지금의 사채업자보다도 훨씬 높은 초고리대금이었다. 그러다 보니 당연히 채무 불이행도 빈발했다. 담보로 잡힌 규모가 작은 논이 교토 주변 곳곳에 흩어졌고, 이를 '히에덴'이라고 불렀다.

그들은 빚을 받기 위해 저택에 난입하기도 했다. 그만큼 빌려준 돈을 받기 위해서라면 수단과 방법을 가리지 않았다. 1370년에는 히에이잔의 도소의 저택 침입을 금지하는 명령이 내려졌다. 히에이잔만이 아니라 당시 대부업을 하는 유력 사찰은 허다했다. 명확한 자료는 없지만, 중세의 대부업은 대부분 사찰이 관여했으리라 추측된다.

그러면 왜 사찰이 대부업을 하는 경우가 많았을까? 먼저 사찰에는 많은 부가 축적되었기 때문이다. 많은 장원을 소유하던 데다 서민들의 기부도 많았다. 축적된 부를 운용하기 위해 '대부업'을 했다. 또한, 사찰에는 금융업을 하기에 유리한 점도 있었다. 돈을 빌려간 사람에게 갚지 않으면 '천벌을 받는다'라고 말하면 빚진 사람은 겁에 질려 벌벌 떨었다. 그러면 빚을 받아내기 쉬웠다.

중세에는 대부업자가 빚을 받아낼 때 상대방에게 폭력을 휘두르기도 했다. 또한 그들은 무장한 무리를 거느리고 다녔다. 마치 조직폭력배 같은 인상을 주지만, 이 무장단체는 도적 떼에 대응하는 데는 도움이 되었다. 당시에는 부유한 사찰을 노리는 도적이 많았기 때문이다.

이처럼 사찰은 매우 위험하고 탐욕스러운 집단이었다. 말하자면 '무장한 악덕 사채업자'였던 것이다.

독점 판매까지 했던
사찰

사찰이 쥐었던 권력은 금융 관계(대부업)만이 아니었다. 상공업의 중추도 장악했다. 즉, 경제 전체를 사찰이 틀어쥐었다는 뜻이다. 당시에는 상설 점포를 소유하던 상인이 많지 않았고 정기적으로 열리는 '시장市'이 상업의 중심이었다. 이 시장에도 사찰은 막대한 영향력을 미쳤다.

시장은 대개 사찰에서 재를 올리는 날, 사찰의 경내에서 열렸다. 사람들이 많이 모이는 데다 장소도 넓었기 때문이다. 애초에 시장을 여는 일도 사찰이 관리했다. 시장에 가게를 내려면 사찰의 허가가 필요하기 때문에 당연히 지대가 발생했다. 그이권 또한 막대했다.

시장을 독점한 사찰

사찰은 시장을 관리하면서 상품 유통까지 주물렀다. 조정이나 막부에 압력을 넣어 독점 판매권을 손에 넣거나 유럽의 길드와 유사한 '좌(자, 座)'를 조직해 다른 업자를 내쫓기도 했다.

당시 비단, 술, 누룩, 기름 등 중요한 물품의 거래량이나 가격을 사찰이 좌지우지했다. 술은 히에이잔, 직물은 기온샤(현재의 야사카진자), 누룩은 기타노샤(현재의 기타노텐마구), 기름은 난젠지 등이 큰 점유율을 차지했다.

사찰 사이에 이권 다툼이 소동으로 발전하기도 했다. '분안의 누룩 사건'이 대표적이다. 누룩을 둘러싸고 점유율 다툼을 벌이던 히에이잔과 기타노샤가 서로 고소하는 소동으로 발전한 사건이다.

누룩은 술의 원료로, 당시에는 수요가 매우 많고 귀중한 상품이었다. 기타노샤는 막부에 압박을 가해 1419년 누룩의 독점 제조 판매권을 따냈다. 모든 누룩은 기타노샤로부터 구입하도록 의무화된 것이다. 당연히 다른 사찰들은 반발했다. 그 중심에는 히에이잔이 서 있었다. 히에이잔도 막부에 압박을 넣어 1444년에야 겨우 독점 상태가 풀렸다. 기타노샤는 원래 히에이잔에서 갈라져 나온 '말사(본사의 관리를 받는 작은 절)'였다. 지금으로 말하자면 같은 그룹 내의 기업이 중요 상품의 판매를 두고 대립했던 셈이다.

어쨌든 일본 상업에서 중심이 되는 생산품은 대부분 사찰이 관리했다. 사찰의 입김이 닿은 업자만이 그 제품을 취급하고 시장에 들어갈 수 있는 지극히 폐쇄적인 구조였다.

오다 노부나가 등이 라쿠이치 라쿠자˚樂市樂座라는 제도를 시행해 독점 판매권 등을 폐지한 이유도 사찰에 의해 좌지우지된 상업을 해방시키려는 의도도 있었다.

- '이치(市)'는 시장, '자座'는 상공업자의 동업자 조합으로, 자는 다이묘나 사찰의 보호를 받으며 영업, 판매권을 독점하는 등 특권을 누렸다. 오다 노부나가, 도요토미 히데요시 정권이 이러한 특권을 폐지하고 신규 상인에게도 영업을 허가한 법령이다.

최강 군사력을 가진 요새의 정체

지금까지 이야기한 것처럼 전국 시대의 사찰들은 당시에 엄청난 경제력을 지녔다. 그런데 더 큰 문제는 그들이 군사력 또한 갖추었다는 점이다. 더구나 군사력은 웬만한 다이묘(중세 일본에서 각 지방을 다스리던 영주. 즉, 지방관)도 당할 수 없을 만큼 강력했다. 유력 사찰은 수천 명의 승병을 거느렸다. 신도까지 소집할 경우 수만 명의 군사를 동원할 수 있는 사찰까지 있었다. 이는 수십만 석의 다이묘의 군사력과 맞먹을 정도였다.

그들의 사찰은 요새나 다름없었다. 지금의 사찰이라고 하면 한가로운 풍경 속에 오래된 건축물이 외따로 선 이미지를 떠올리기 쉽다. 그러나 당시의 사찰은 그렇지 않았다. 예를 들어, 네고로지 사찰에는 돌을 쌓아 올려 만든 건물이 있었다. 이는 돌담을 쌓아 올려 성을 축조하는 방식이 쓰이기 전의 건물이었다. 경내에는 300개에 이르는 말사가 있었고, 각각 우물 등 시설이 딸려 있었다.

주변에 형성된 마을에도 150개의 말사가 있었다. 나란히 늘어선 거대한 항아리들이 발굴된 것을 보면 이곳에 기름 가게, 염색 가게, 술 가게도 있었으리라 추측된다. 경내에서는 옻칠을 한 공업 제품이나 무기도 만들어졌다. 대부업자 도소의 창고도 있었다. 이 정도면 거의 요새 도시라고 할 만하다. 요새화된 도시를 가진 곳은 네고로지만이 아니었다. 유력한 사찰 상당수가 이러한 형태였다.

또 헤이센지(현재의 후쿠이현 가쓰야마시)는 사찰 주변이 둥글고 큰 알돌을 깐 장대한 도로와 돌로 쌓아 올린 성벽으로 둘러싸인 곳이었다. 견고한 방비를 갖춘 요새 도시와 고도의 기술력은 누구나 위협을 느낄 만했다. 사찰은 심지어 무기도 제조했다.

무기 제조 기지가 된 사찰

전국 시대 총포의 주요 산지는 세 곳이었다. 사카이(오사카 서부의 도시), 구니토모(현재의 시가현 나가하마시), 네고로(현재의 와카야마현 이와데시)이다. 이 가운데 네고로는 바로 네고로지를 말한다. 즉, 총포의 주요 산지 중 하나가 사찰이었다는 뜻이다.

사카이와 구니토모는 중세부터 대장간이 성행한 곳으로 전국 시대 공업의 중심지였다. 네고로지는 그런 선진 지역과 어깨를 나란히 할 정도로 군수 산업이 번성했다. 정토진종의 자치 마을인 '지나이초'에도 무기를 만드는 도공이 많았다. 사찰은 일본의 무기 제조장이었다고도 말할 수 있다.

왜 사찰이 무기 제조의 기지가 되었는지 지금의 시각으로는 매우 이상하게 보인다. 그러나 무기 제조는 사찰의 전통적인 기술이었다. 신사에서는 가장 신분이 낮은 하급 신관이 활줄을 제작하는 일을 했다. 또한 네고로지에서는 1336~1392년 남북조 시대에 활, 화살, 방패 등을 활발하게 제조했다고 알려져 있다. 이처럼 사찰과 무기는 예로부터 떼려야 뗄 수 없는 관계였다.

도요토미 히데요시는 1588년에 농민들이 보유하던 무기를 몰수하는 도수령을 실시했는데, 이미 그보다 3년 앞서 사찰단지가 있던 고야산에 칼과 총포의 소지를 금지했다. 농민들보다는 사찰에 방침을 먼저 내렸던 것이며, 그 뜻은 농민보다 사찰에서 훨씬 더 많은 무기를 소유했다는 의미이다. 정권의 입장에서 사찰의 군사력은 매우 위협적이었음을 알 수 있다.

막강한 불교를 물리친
최후의 방법

여기까지의 이야기라면 오다 노부나가(전국 시대를 평정하고 새로운 시대를 연 다이묘)가 히에이잔을 불태운 일도 당연하다는 생각이 들 것이다. 오히려 '다른 위정자들은 왜 그때까지 아무것도 하지 않았을까?' 하는 의문이 생길지도 모른다. 물론 다른 위정자들도 사찰에 대해서는 탐탁지 않게 여겼다.

사찰의 극심한 횡포에 못 견뎌 불을 질러 공격한 사람은 사실 노부나가가 처음이 아니었다. 노부나가보다 140년 앞서 히에이잔을 불태운 위정자가 있었다. 그는 어린 시절 사찰에 맡겨졌다가 나중에 쇼군(일본의 무신정권이었던 막부의 수장)에 오른 제6대 쇼군 아시카가 요시노리였다.

그는 원래 사찰에서 지냈던 만큼 사찰의 고약한 민낯을 잘 알았다. 당시 사찰들은 종종 '강소'라는 강경 수단을 동원해 정권과 세상을 뒤흔들었다. 강소란 사찰이 '천벌'을 내세우거나 무력을 휘두르며 정권에 강력하게 요구하는 일을 말한다. 말하자면 무력을 동반한 시위행진과 같다.

거듭되는 강소에 화가 치민 아시카가는 호수와 도로를 봉쇄하고 히에이잔산 기슭의 마을을 불태웠다. 이때는 엔랴쿠지 측이 항복하면서 일단 수습되었다.

피할 수 없었던 사찰과의 대결

엔랴쿠지의 횡포는 곧 원래대로 되돌아갔다. 무로마치 막부의 권위도 떨어지면서 도저히 손을 쓸 수 없는 상황이 노부나가가 등장할 때까지 이어졌다. 1571년 노부나가가 히에이잔 엔랴쿠지를 불태우면서 승려와 주민을 포함해 남녀노소 수천 명의 사상자가 나왔다.

노부나가의 가신이 쓴 《신장공기》에는 히에이잔 엔랴쿠지의 화공에 관한 이런 기록이 있다.

왕궁의 수호자인 히에이잔의 승려들이라 해도 마땅한 복장, 수행, 법도가 있을진대 천하의 조롱을 부끄러워하지 않고 천도를 두려워하지 않으며, 음란하고, 물고기와 새를 잡아먹고, 금은의 뇌물을 탐닉한다.

노부나가가 히에이잔 엔랴쿠지를 불태운 이유는 이랬다.

1570년 아사쿠라, 아자이와 대립하던 노부나가는 히에이잔 측에 '아사쿠라군에 가담하지 말라'고 요청했다. 이때 노부나가는 '만약 어느 한쪽에 가담하는 것이 불교도로서 곤란하다면 중립을 지키기만 해도 좋으며, 그러면 이전의 히에이잔의 영지를 반환하겠다'라는 문서까지 보냈다. 그런데도 히에이잔은 아사쿠라군에 가담했다.

히에이잔이 아사쿠라에 가담하기 전부터 노부나가는 히에이잔의 장원을 몰수하는 등 가혹하게 대했다. 그 때문에 노부나가에게 크게 반발하던 히에이잔이 아사쿠라 군의 편을 드는 일은 당연했다. 이에 격분한 노부나가는 이듬해 아사쿠라군과의 싸움이 일단락되자 히에이잔을 불태워 버렸다. 어쩌면 노부나가와 히에이잔의 대결은 처음부터 피할 수 없는 일이었을지도 모른다.

상인들이 키운
불교의 몰락

전국 시대에는 정토진종이라는 불교의 신흥 세력도 맹위를 떨쳤다. 정토진종은 위정자의 심기를 매우 불편하게 만드는 면이 있었다. 앞서 설명했듯이 불교는 막대한 경제력을 무기로 횡포를 휘둘렀는데, 정토진종은 질이 한층 더 나빴다.

엔랴쿠지 등 기존의 불교가 '권위적'인 반면에, 정토진종은 '누구나 성불할 수 있다'라는 교리를 가져서 민중에게 넓은 문을 열어 주었다. 그 때문에 정토진종은 매우 빠른 속도로 보급되었다. 더구나 정토진종도 기존 불교 못지않게 경제력을 지녀서 급격하게 경제 성장을 했다.

정토진종은 '지나이초'라는 특권이 있었다. 지나이초는 정토진종 사찰과 그 주변 지역에 형성된 마을로, 권력의 개입을 받지 않는 '자치 도시'였다. 지나이초의 기원은 1538년이다. 당시 정권으로부터 박해를 받던 이시야마 혼간지(거찰巨刹)는 완강한 저항을 이어갔다. 그리고 결국 정권을 단념하게 만들어 지나이초에서 '덕정德政 적용 제외', '제諸공사 면제' 등의 특권을 얻게 되었다. 덕정 적용 제외란 채권이나 채무 관계를 소멸시키는 덕정령이 내려지더라도 그 구역 만큼은 대상에서 제외된다는 뜻이다. 제공사 면제는 각종 세금을 면제해 준다는 뜻이다.

1336~1573년의 무로마치 시대에 막부는 공가나 무가의 곤궁한 사정 등을 이유로 종종 덕정령을 내렸다. 덕정령이 떨어지면 채권이 휴지 조각이 되기 때문에 상인들에게는 큰 타격이었다. 그러니 덕정 적용 제외는 결국 상인을 보호하는 것이어서 이 지역에 상인들이 모여들었다.

지나이초에는 불교 세력의 간섭에 넌더리를 내던 상인들이 자유롭게 활동하기 좋은 곳이었다. 앞서 말했듯이 당시 상공업의 상당수 분야는 사찰이 지배했지만, 혼간지에 딸린 지나이초만은 사찰의 지배에서 벗어났기 때문이다. 더구나 지나이초는 마을의 치안 권한까지 얻었다.

이렇게 되면 일종의 독립 국가와도 같다. 이러한 큰 특권 덕분에 이시야마 혼간지는 크게 번성했다. 정토진종은 이러한 특권을 각지에 적용했고, 그 지역을 '지나이초'라고 불렀다.

혼간지를 철저하게 꺾은 노부나가

전국 시대의 무장에게 혼간지는 몹시 눈에 거슬리는 존재였다. 도시의 상공업과 유통을 억제했던 무장들의 입장에서는 이토록 방해되는 존재도 없었다. 영지를 안정적으로 통치하고 군사력을 강화하려면 어떻게 해서든 그들의 힘을 약화시켜야만 했다.

혼간지와 대립한 무장이라면 역시 오다 노부나가를 꼽을 수 있다. 노부나가와 이시야마 혼간지의 싸움은 오랜 세월 되풀이되었다. 노부나가가 교토로 상경해 아시카가 요시아키足利義昭(무로마치 막부의 제15대이자 마지막 쇼군)를 옹립했을 때 혼간지에 5,000관문의 군자금을 요구했다. 이때 혼간지는 노부나가의 요구에 순순히 따랐다.

노부나가는 다른 지나이초에도 군자금을 요구했지만, 응하지 않는 곳도 있었다. 노부나가는 그런 곳은 가차 없이 공격했다. 혼간지는 가능한 한 노부나가와의 대결은 피하고 싶었다. 그래서 혼간지의 종주인 겐뇨는 노부나가에게 금란(황금색실이나 실제 금사를 섞어 짠 값비싼 비단)과 말, 칼 등을 선물했다. 그런데도 노부나가가 혼간지나 정토진종에 종종 군자금을 요구하는 등 가혹한 태도를 보이자 혼간지가 궐기하게 된 것이다.

혼간지의 겐뇨는 1570년의 거병 때 신도들에게 보낸 편지에서 "노부나가의 요구에 최대한 응했으나, 도를 넘는 요구가 끝

없어 맞서 싸우기로 결심했다"라고 밝혔다.

노부나가와 혼간지의 사투는 1570년부터 1580년까지 10년 동안 이어졌다. 싸움은 조정의 중개로 겨우 종결되었다. 당시 불리한 전황에 몰렸던 혼간지는 현재의 오사카에서 퇴거 명령을 받았다.

신의 이름을 한
파란 눈의 상인들

전국 시대의 일본은 불교 외에 또 다른 종교 문제를 안고 있었다. 유럽 여러 나라들의 '기독교 비즈니스'가 일본에도 밀려왔던 것이다. 기독교 비즈니스가 대항해 시대를 가져왔다는 사실은 앞에서도 말했는데, 유럽의 대항해 시대는 일본의 전국 시대와 시기적으로 거의 겹친다.

1543년부터 1587년 반세기 동안 포르투갈, 스페인 등 유럽에서 온 무역선, 이른바 '남만선'들은 일본 각지에서 활발하게 교역을 했다. 그때는 도요토미 히데요시가 예수회 선교사의 국외 추방을 명령한 '바테렌(신부) 추방령'을 내리기 직전이었다.

'남만무역'이라고 하면 유럽의 희귀한 생산품을 실어 오는 '특별한 무역'이며, 이들 '외래품'은 일부 다이묘나 부유한 상인들 손에만 들어갔다고 생각하기 쉽다. 하지만 실상은 그렇지 않다.

남만무역으로 들어온 수입품은 당시 일본 사회에 깊숙이 파고들었다. 특히 무기, 군수물자는 다이묘에게는 꼭 필요한 물품이었다. 총포는 일본에서도 만들었지만, 총탄을 만들 때 사용되는 납과 탄약의 원료가 되는 초석은 당시 일본에서 생산이 되지 않아 해외에서 수입해 올 수밖에 없었다. 남만무역을 거치지 않고서는 총포의 탄약, 화약의 원료 같은 물품은 구할 수 없었다. 당시의 남만무역상들은 독점적으로 총포 관련 군수물자를 전국 시대 다이묘들에게 공급해 이익을 챙겼다고 할 수 있다.

남만선이 한 차례 뜨면 유럽의 무역상들에게는 막대한 부가 굴러들어 갔다. 당시 일본과 포르투갈의 무역 거래액은 1570년대부터 1630년대까지 290~440만 크루자도(당시 포르투갈의 독자적 화폐 단위)였다.* 쌀값으로 치면 200만 석에서 400만 석 정도로, 도쿠가와 정권의 1년 치 세금 수입에 버금가는 액수이다. 남만무역은 그 정도로 막대한 이익을 봤기 때문에 당연히 의무도 따랐다. 앞서 언급했듯이 로마 교황은 포르투갈과 스페인에 전 세계에 기독교를 포교하라는 명령을 내렸다. 이 명령에 따라 양국은 전 세계에 식민지를 가지는 대가로 각지에 선교사를

---

* 사쿠라이 에이지, 나카니시 사토루 편. 유통경제사(流通経済史).

파견해 교회를 세워야 할 의무를 지었다. 그 결과 양국이 세력을 넓힐 때마다 기독교 또한 그만큼 퍼지게 된 것이다.

기독교 포교와 '무역'은 표리일체, 동전의 양면과 같았다. 선교사가 각지에 파견되면 상인들도 함께 건너가 교역을 했다. 교역으로 얻은 이익의 일부는 교회에 환원되었고, 교회는 그 수익으로 선교사들을 각지로 더욱 파견했다. 일본에 온 남만선도 마찬가지였다.

남만선이 일본에 왔을 때, 거래하는 조건으로 반드시 기독교의 포교를 허가하라고 요청했다. '우리와 무역을 하고 싶다면 기독교 포교를 허가하라'라는 뜻이었다. 남만선과 교역을 하기 위해 다이묘들은 기독교의 포교를 인정했다. 그래서 이 시기에 일본에 기독교가 급속하게 퍼져 나간 것이다.

호기심 하나로 바다를 건넌 선교사

전국 시대 일본을 최초로 방문한 선교사는 프란치스코 하비에르Saint Francis Xavier였다. 하비에르라는 사람은 왜 일본에 선교를 하러 갔을까?

여기에는 당시 유럽의 상황과 하비에르의 내력이 크게 관련되어 있다. 하비에르는 일본 전국 시대의 중간쯤 되는 시기인 1506년에 귀족 가문에서 태어났다. 그가 태어난 가문은 스페인

프란치스코 하비에르

과 프랑스 국경 사이에 있는 나바라 왕국(현재의 바스크 지방)의 귀족 가문이었다.

그가 여섯 살 때, 스페인과 프랑스 사이에 전쟁이 벌어지면서 나바라 왕국도 휩쓸려 들어갔다. 하비에르 가문의 성이 파괴되었고, 하비에르의 두 형도 전쟁에 참여하며 가문은 전란에 휘말렸다. 이 싸움이 마침내 끝났을 때, 하비에르는 열여덟 살이었다. 그리고 그는 1525년 파리 대학의 단과대학이었던 상트 바흐브에 입학했다.

당시 파리는 유럽 학문의 중심지였고 이곳에서 학위를 받은 사람은 대학 교수, 주교구의 참사 회원*, 주교 등 국가의 중추를 담당하는 자리에 오를 수 있었다.

- 참사회는 로마 가톨릭교회의 기관으로, 각 성당에 속하는 성직자들로 구성된 모임이다. 교회 안팎의 여러 행정, 재정적인 일을 처리한다.

유럽 각지의 내로라하는 인재들은 너도나도 파리 대학으로 몰려들었다. 하비에르는 이곳에서 이냐시오 데 로욜라Ignatius de Loyola를 만난다. 로욜라는 과거 전쟁에서 부상을 입고 치료를 받다가 기독교 신앙에 눈을 뜬 인물이다. 하비에르는 처음에는 로욜라를 경계하고 멀리했지만 점차 서로 마음이 동한다. 결국 하비에르는 귀족의 안정된 생활을 버리고 그와 함께 신앙생활을 하기로 결심한다.

1534년 로욜라를 중심으로 일곱 명의 젊은이가 함께 모여 몽마르트르 언덕 성당에서 '청빈', '정결', '성지 예루살렘 순례'를 향한 맹세의 기도를 올린다. 이것이 바로 예수회의 시초이다. 이후 예수회는 해외 포교를 맡게 되었고, 곧 로마 가톨릭교회의 가장 큰 세력으로 발전하게 되었다.

포교 활동의 시작

1537년 예수회 회원들은 로마로 가서 교황을 알현하고 예루살렘 순례 허가장을 받았다. 당시 기독교인들에게 예루살렘 순례는 일생에 꼭 한 번은 이루고 싶은 꿈이었다. 그러나 베네치아와 오스만 제국의 관계가 악화되면서 예루살렘 순례를 할 기회가 좀처럼 생기지 않았다. 이들은 엄격한 수도 생활과 봉사 활동을 하며 예루살렘을 방문할 날을 기다렸다.

당시 기독교 사회는 크게 흔들리고 있었다. 루터의 종교 개혁이 일어난 지 얼마 지나지 않은 때였고, 가톨릭교회 내부에서도 교회의 쇄신을 요구하는 움직임이 생겨나는 때였다. 그런 분위기 속에서 파리의 우수한 학생들이 만든 예수회의 경건한 신앙 활동은 교회 관계자들에게 주목을 끌었다. 그러던 중 포르투갈 국왕이 로마 교황에게 '인도에 선교사를 파견해 달라'라고 요청하자 교황은 예수회를 추천했다. 이렇게 해서 예수회는 전 세계로 포교 활동을 시작했다.

1540년 교황의 요청을 받은 예수회는 회원 세 명을 인도에 파견했다. 그중 한 명이 하비에르였다. 하비에르와 동료들은 인도의 포르투갈령 지역인 고아의 병원에 머물며 봉사와 포교 활동을 했다. 1547년, 인도에서 포교 활동을 벌인 지 5년 된 시점에 하비에르는 말라카에서 안지로라는 일본인을 만나게 되었다. 안지로는 고향 가고시마에서 살인죄를 저지르고 가고시마만에 입항했던 배로 도망쳐 인도에 도착해 있었다. 죄의식에 시달리던 안지로는 선원들에게 하비에르에 관한 이야기를 듣고 말라카까지 그를 만나러 온 것이었다.

안지로를 만난 하비에르는 그의 총명함에 놀라 '일본인'을 향한 큰 관심이 생겼다. 하비에르는 말라카에서 안지로 말고도 두 명의 일본인을 만났는데, 둘 다 안지로와 마찬가지로 덕과 기지가 있었다. 이들과의 만남을 가진 하비에르는 일본에 가서 기독교를 널리 알리고 싶은 마음을 품었다. 하비에르로부터 복음을 듣고 감명을 받은 안지로는 고아에서 세례를 받았다. 이후 하비에르의 포교 활동을 적극적으로 도왔다. 하비에르는 예수회로부터 일본 포교에 대한 허가를 얻어 안지로와 함께 고아에서 1년 동안 머물며 일본에 갈 준비를 했다.

하비에르는 일본에 갈 때 포르투갈 국왕으로부터 1,000크루자도 이상의 원조를 받았다. 물론 포르투갈의 화폐는 일본에서 통용되지 않기 때문에 그만큼의 상품을 싣고 갔다. 당시 1년 동안 생활비는 대략 20크루자도였다고 전해지므로, 1,000크루자도는 50명의 생활비를 충당할 수 있는 큰 돈이었다. 하비에르가 일본에 머물렀던 2년 동안 각지에서 포교를 하고 교회를 설립하는 등 활동을 펼치는 데 비용상의 어려움이 없었던 이유는 이 원조 덕분이었다.

사람들에게 지옥을 팔다

선교사들은 파견된 지역에서 활동 보고를 해야 했다. 그 보고 중에는 교역에 관한 정보도 상당 부분 포함되었다. 말하자면, 선교사들은 '마케팅 리포트'를 제출하던 셈이다. 선교사들은 각지를 이동하거나 필요한 물자를 받을 때마다 상인들의 힘이 필요했다. 상인들의 도움을 받으려면 그들에게 대가를 치러야 했다. 상인들은 벌어들인 돈의 일부를 교회에 기부했다. 그 기부금은 선교사들의 비용이 충당되었다. 즉, 예수회 선교사들은 포교 활동에 필요한 돈을 얻기 위해서라도 무역에 도움을 주어야 했다는 뜻이다.

그렇기에 하비에르는 때때로 무역에 관해서 조언을 했다. 예를 들어, 하비에르가 사카이를 방문했을 때 예수회의 안토니오 고메스 앞으로 보낸 편지에 다음과 같은 내용을 발견할 수 있다.

"사카이는 매우 큰 항구로, 부유한 상인도 많고 일본 전국 각지의 금과 은이 모여듭니다. 이곳에 상관(외국인이 경영하는 상점)을 두는 것이 좋겠습니다."

또 다른 편지에는 다음과 같은 내용도 있다.

"신부님이 일본으로 건너올 때는 인도 총독이 일본 국왕에게 보내는 친서와 함께 많은 금화와 선물을 가져와 주셨으면 합니다."
"만약 일본 국왕이 기독교에 귀의하게 된다면 포르투갈 국왕에게도 커다란 물질적 이익을 가져다 주리라고 믿습니다."

또 어떤 의미에서 하비에르는 무기 수출을 지원하는 역할도 했다. 물론 하비에르가 다이묘에게 직접 무기를 팔지는 않았지만, 총포 등을 선물한 사실은 있다. 야마구치의 다이묘 오우치 요시타카大内義隆에게 바친 열세 가지 진귀한 선물 중에는 삼중 총열이 장착된 구식 화승총도 포함되어 있었다. 하비에르는 당시 일본인들이 원하는 물건을 조달하거나 중개할 수 있는 무기 상인 같은 역할을 한 셈이다.

하비에르를 초청했던 다이묘 중에는 선교사를 통해 무기를 수입하기를 원하는 사람도 있었다. 오토모 소린大友宗麟(전국 시대 오이타현 지역의 다이묘)이 가장 대표적인 사람이다. 그는 영내에 기독교 포교를 허가하는 대신, 포르투갈 선박과 교역을 하고 대포 등 최신 무기를 손에 넣었다.

하비에르는 포교할 때, '기독교를 믿지 않으면 지옥에 떨어진다'라는 식의 선동적인 문구도 사용했다. 하비에르가 작성한 예수회 보고서에 따르면, "죄를 지은 채 죽은 사람에게는 연옥이 기다리고 있다"라는 말을 하면 일본인들은 "이미 죽은 내 가족은 연옥에 갇혀 있느냐?"라며 슬퍼하며 탄식했다고 한다.

그러나 일본인 중에는 지적이고 달변인 사람도 있어 "신은 자비롭다고 말했으면서 왜 죄를 지은 사람을 용서하지 않느냐?"라며 반박했다는 기록도 있다.

신문물을 얻기 위한
소리 없는 전쟁

남만무역이라고 하면 아주 먼 유럽에서 물자를 싣고 온다고 생각하기 쉽지만, 대부분은 마카오나 중국 항구에서 물자를 실어 왔다. 유럽의 물자도 일부 있었지만, 대부분의 화물은 아시아에서 조달했다.

왜 아시아의 생산품을 남만선이 실어 왔을까? 남만선이 등장하기 전, 일본의 해외 무역은 왜구(일본 해적)가 지배하고 있었다. 다만, 명나라 조정의 강력한 진압으로 16세기에는 왜구 세력이 급속히 쇠퇴했다. 이 왜구를 진압하는 데 도움을 준 나라가 바로, 포르투갈이었다. 포르투갈은 1510년 인도의 고아를 점령하고, 고아를 근거지로 삼아 이듬해에는 말라카를 손에 넣으면서 동남아시아에서 본격적인 무역에 나섰다. 1513년에는 명나라와 통상 관계를 맺었다.

1557년에는 해적을 토벌한 보상으로 명나라로부터 마카오를 임대받았다. 그리고 마카오를 거점으로 일본을 포함한 동남아시아 일대에서 무역을 했다. 즉, 포르투갈은 왜구를 대신해 일본의 해외 무역을 담당했다고 할 수 있다.

교회를 허락하고 받은 선물

남만선은 기독교 포교를 허가하는 항구를 골라서 입항했다. 이에 모든 다이묘들은 자진해서 기독교 포교를 허가했다. 전국 시대 전반 서일본 지역의 패자였던 오우치 요시타카 또한 일찌감치 기독교 포교를 허가했다. 그의 성으로 프란치스코 하비에르가 방문하기도 했다. 하비에르는 다이묘인 오우치 요시타카의 허가를 받으면 안정적으로 포교 활동을 할 수 있다고 생각해 오우치의 본거지였던 야마구치로 찾아간 것이다.

오우치 요시타카는 하비에르를 두 번 만났다. 첫 번째 만남에서 하비에르가 '불륜의 부도덕성'을 설파하자 오우치는 노여워했다고 한다. 당시 다이묘 가문에서는 후손이 끊이지 않는 일을 가장 중요시했기 때문에 측실을 여러 명 두는 일은 당연하게 여겼다.

두 번째 만남에서 하비에르는 지금까지의 경험을 바탕으로 좋은 옷과 선물을 준비해 갔다. 하비에르는 이전에 받은 냉대가 초라한 겉모습 때문이라고 생각해 비단 사제복을 새로 만들어 입었다. 인도 총독의 친서와 친선의 표시로 탁상시계, 포르투갈의 옷, 화승총, 오르간과 비슷한 건반악기 등 값비싼 선물을 준비했다.

오우치는 매우 기뻐했다. 선물에 대한 답례로 많은 금과 은을 하비에르에게 내리려고 했으나 하비에르는 극구 사양했다. 그 대신 야마구치 영내에서 포교 활동을 할 수 있게 하고, 개종하는 사람을 보호해 달라고 부탁했다.

오우치는 부탁을 받아들여 공식적으로 기독교 포교를 허가했다. 이에 더해 당시 비어 있던 다이도지라는 사찰을 내주며 하비에르가 머물도록 했다. 다이도지의 부지는 매우 넓어 성당과 묘지를 만들 공간도 충분했다. 다이도지는 현재 야마구치의 육상자위대 연습장 내에 있었던 것으로 추측된다. 하비에르는 인도 총독과 고아 주교의 신임장도 가져왔다. 이를 본 오우치 요시타카는 답례로 인도에 사절을 보내겠다고 말했다. 이전과는 완전히 달라진 환대였다.

이후 기독교 포교를 허가하는 다이묘들이 속속 늘어났다. 오토모 소린, 고니시 유키나가 등도 상당히 이른 시기부터 기독교에 관심을 보였다. 오다 노부나가도 예수회에는 매우 관용적인 태도를 보였다. 노부나가는 예수회 선교사 프로이스를 만나 기독교 포교를 허가하고 교회를 건설하게 해 주었다. 또 교회 건설에 필요한 장소와 자재를 구하는 데도 도움을 주었다. 그러나 노부나가의 가장 큰 목적은 남만선의 유치였다.

일본은 왜 갑자기 기독교에 등 돌렸을까?

전국 시대, 당시 기독교는 상상 이상으로 널리 보급된 상태였다. 도쿠가와 이에야스가 기독교 금교령을 내린 1614년에는 일본인 기독교인의 숫자는 적어도 20만, 많게는 50만 명 정도였으리라고 추정된다. 당시 일본인 인구가 1,200만 명 정도였다고 하니 인구의 2~4퍼센트가 기독교였던 것이다.

히데요시의 뒤를 이은 이에야스는 처음에는 기독교 포교에 비교적 관용적인 태도를 보였다. 쇼군의 지위에 올랐을 때는 예수회나 기독교 세력과 화해했다. '히데요시가 망가뜨린 외교 관계를 일단 복원시키겠다'라는 방침을 내세운 것으로 보인다.

그런데 이에야스는 어느 시점을 기점으로 기독교를 전면적으로 금지했다. 더구나 히데요시처럼 '자발적으로 기독교를 믿는 것은 상관없다'라는 느슨한 방침이 아니라, 기독교를 완전히 금교시켜 버렸다.

기독교를 금지시킨 희대의 사기

1609년의 일이다. 이에야스는 히젠 히노에번(현재의 나가사키현 시마바라시)의 다이묘 아리마 하루노부有馬晴信에게 명을 내려 베트남에 주인선(에도 막부가 발급한 붉은색 인주가 찍힌 문서인 주인장을 가지고 동남아시아 지역과 교역을 하던 선박을 말한다)을 보냈다.

아리마 하루노부는 기독교인이기도 해서 스페인과 포르투갈 상인들의 창구 역할을 했다. 이에야스는 주인선으로 침향나무를 수입하려고 했다. 그런데 주인선이 마카오에서 포르투갈 선박 데우스호와 싸움이 벌어지면서 그 안에 있는 선원과 가신 등 60여 명이 죽고 말았다.

하루노부는 이에야스에게 체면치레를 하기 위해 나가사키에 입항한 포르투갈 선박 데우스호를 격침시켰다. 이것만 해도 이에야스로서는 포르투갈과 기독교에 큰 불신을 품었을 터인데, 이 사건은 뜻밖의 사태를 불러일으키고 만다. 막부 측 관리, 오카모토 다이하치岡本大八라는 인물이 하루노부에게 "데우스호를 격침한 공을 보고하여 막부로부터 포상을 받게 해 주겠다"라고

제의해 거액의 금품을 받은 사기 사건이었다.

하루노부의 히노에번은 이웃한 사가번(현재 나가사키 현과 사가현 일대)과 영토 문제를 안고 있었으며, 세 개 영토(군)를 빼앗긴 상태였다. 다이하치는 세 개 영토를 히노에번이 되찾도록 해주겠다며, 필요한 자금으로 총 6,000냥을 요구했다. 다이하치는 이에야스의 심복으로 알려진 혼다 마사즈미本多正純의 가신이었다. 막부의 중심부를 드나들던 인물로 하루노부가 완전히 신뢰할 만한 위치에 있었다.

아무리 기다려도 옛 영토를 회복시켜 주겠다는 소식이 없자 이를 수상히 여긴 하루노부는 다이하치의 상관인 혼다 마사즈미에게 문의했고, 사기가 발각되었다. 다이하치는 이에야스의 편지를 위조하는 등 매우 악질적인 방법으로 하루노부를 속였다. 더구나 다이하치도 기독교인으로서 같은 기독교 신자인 하루노부를 기만했던 것이다.

이에 격분한 이에야스는 1612년 3월 21일, 다이하치를 화형에 처했다. 그리고 이날부터 기독교를 금하고 스페인과 포르투갈 사람들을 추방했다. 기리시탄 다이묘(당시 기독교를 믿은 다이묘)를 비롯한 기독교인들에게도 신앙을 버리라고 요구했고, 이를 거부하는 이들은 탄압받게 되었다. 그러나 기독교를 금지한 이후에도 일본은 서양과 교역을 계속 이어나갈 수 있었다. 어떻게 이러한 일이 가능했을까?

아무것도 섞이지 않은 돈이 좋다

이에야스가 기독교를 완전히 금지한 데는 '기독교의 위험성' 외에 또 하나 큰 이유가 있었다. 바로, 스페인과 포르투갈 외에 남만무역을 할 통로를 찾았기 때문이다. 그 통로는 네덜란드였다.

이에야스는 네덜란드와 기묘한 인연이 있었다. 이에야스가 쇼군에 오르기 전, 1600년 4월 분고의 우스키에 네덜란드 선박 '리프데호'가 표착했다.

우스기번의 번주 오타 가즈요시太田一吉는 리프데호 선원들을 일단 가두고, 나가사키의 행정 관리인 부교에게 보고했다. 그리고 리프데호는 오사카로 회항시켰다. 세키가하라 전투가 벌어지기 직전, 아직 도요토미가 정권을 잡고 있을 때였다. 이 시기도요토미 정권의 실권자였던 이시다 미쓰나리石田三成는 실각해 영지에 돌아간 상태였고, 사실상 이에야스가 정무를 총괄하고 있었다.

이에야스가 직접 나서 리프데호에 대한 검사와 심문을 했다. 일본에 있던 스페인 예수회 선교사들은 이 소식을 접하고서 이에야스에게 선원들을 처형하라고 요청했다.

예수회는 가톨릭 수도회로 당시에는 개신교와 격렬하게 대립했다. 리프데호의 모국 네덜란드는 개신교 국가였다. 그래서 일본에 거주하는 예수회는 개신교 세력이 일본에 들어오는 것을 매우 우려했다. 그러나 이에야스는 예수회 선교사들의 요청을 들어주지 않았다. 리프데호를 우라가(현재의 가나가와현 요코스카시)로 회항하게 해 선원들을 에도로 초청했다. 이에야스는 리프데호의 선원들에게 해외 정보 등을 사들였고 일부 선원은 가신으로 발탁했다.

막부의 요인이 된 얀 후스텐(일본 이름 야요우스)이나 윌리엄 애덤스William Adams(일본 이름 미우라 안진)는 리프데호의 선원이었다. 이에야스는 얀 후스텐과 윌리엄 애덤스에게 당시 서양 국가들의 정세와 형편, 종교 사정 등을 상세하게 들은 듯하다.

네덜란드와의 무역을 결정하다

당시 기독교에서는 루터의 종교 개혁으로 탄생한 개신교가 급격히 세력을 확장하는 시기였다. 앞서 언급했듯이 개신교는 면죄부로 상징되는 교회의 권위주의, 금권주의를 비판하고 순수한 신앙으로 돌아가자는 종파였다. 신흥 종파인 개신교는 예전부터 내려온 교회인 가톨릭과 격렬하게 대립했다.

가톨릭 국가였던 스페인과 포르투갈이 대항해 시대를 열며 전 세계를 침략했던 이유도 사실, 개신교의 영향 때문이었다. 개신교에 눌린 가톨릭은 조금이라도 더 많은 신도를 확보하기 위해 적극적으로 전 세계로 포교에 나선 것이다. 이러한 흐름에 따라 스페인과 포르투갈의 선교사들이 전국 시대의 일본에 들어왔다.

반면에 개신교 국가였던 네덜란드는 신흥 해양국이었다. 스페인, 포르투갈에 이어 전 세계로 진출해 무역이나 침공을 했다. 네덜란드는 기독교를 포교하기도 했으나 주된 목적은 돈벌이였다. 일본을 향해서도 기독교 포교보다도 무역을 강하게 요구했다. 즉, 네덜란드는 기독교 포교라는 조건을 내걸지 않고 무역을 한 셈이다.

이에야스는 그런 상황을 파악해 네덜란드와 무역을 하기로 결정한다. 그 결과, 에도 시대 동안 네덜란드는 서양 문물의 유일한 창구가 되었다. 네덜란드를 거쳐 들어온 서양 문물을 배우는 '난학'은 최첨단 학문으로 열풍을 일으키며 일본 전역으로 퍼져 나갔다.

5장

수로 하나
때문에
400년간 싸운
종파들

이슬람교

610	이슬람교 출현
632	무함마드 사망
1299	오스만 제국 설립
1454	오스만 제국의 콘스탄티노플 정복
1501	사파비 왕조 건국, 시아파 부활
1535	오스만 제국과 프랑스 특별 협정 체결
1922	오스만 제국 멸망
1980	이란·이라크 전쟁 시작

로마 제국 말기인 610년 무렵, 아랍 지역에 새로운 거대 종교 세력이 출현한다. 바로, 이슬람교의 탄생이다. 메카의 상인이었던 무함마드Muhammad는 유대교의《구약 성경》을 바탕으로 자기 나름대로 발전시킨 '이슬람교'를 만들었다. 이슬람교는 순식간에 중동, 북아프리카, 스페인을 휩쓸었다.

무함마드가 이슬람교를 포교하며 이슬람 국가의 세력도 급속히 확대되었다. 이슬람교는 탄생할 때부터 종교이자 국가이기도 했다. 무함마드는 어떻게 이처럼 급격히 세력을 넓힐 수 있었을까?

여기에는 이슬람교가 아랍인에게 매우 설득력 있는 교리를 전파했다는 점을 포함해 여러 요인이 존재한다. 여러 해석이 가능한《구약 성경》과 달리 이슬람교에서는 '이럴 때는 이렇게 해야 한다'라는 지침이 명확했다. 그래서 법질서가 제대로 정비되지 않았던 당시 사람들에게는 사회질서를 유지하는 데 도움을 주는 유용한 도구였다.

또한 금주나 돼지고기 금지 같은 금기 사항도 당시의 위생 환경과 사회 환경을 생각하면 안전한 사회를 만들기 위한 하나의 효과적인 해결 방법이었다.

이슬람교에는 또 다른 큰 매력이 있었다. 바로 '세금이 적다'라는 점이었다. 당시 옛 로마 제국의 주민들은 과도한 세금에 시달리는 상황이었다. 로마 지역에는 토지세와 인두세가 부과되었다. 로마 제국의 국교는 기독교였으며, 이 지역 주민은 대부분 기독교인이었다. 로마 제국은 기독교와 한통속이 되어 가혹한 세금을 거두어들였다. 기독교인이라면 무거운 세금 부담을 피할 수 없었던 셈이다.

여기서 무함마드는 '이슬람교로 개종하면 인두세를 면제해 주겠다'라며 설득했다. 그러자 인두세로 인해 고통받던 기독교인들이 앞다투어 이슬람교로 개종했다.

육신 오행*

육신	오행	오행 이외의 주요 규범
①신 ②천사 ③각종 계전(신의 계시를 기록한 책) ④예언자들 ⑤내세 ⑥신의 예정 (천명)	①신앙 고백(알라 외에 신은 없고, 무함마드는 신의 예언자) ②예배 ③희사(자카트) ④단식 ⑤메카 순례 실천	• 도박을 하지 않는다. • 술을 마시지 않는다. • 돼지고기를 먹지 않는다. • 이자를 받지 않는다. • 살인을 하지 않는다. • 저울을 속이지 않는다. • 몸을 정결히 한다. • 여성은 남편 이외의 남성에게 얼굴과 피부가 보이지 않도록 차도르를 쓴다. • 결혼은 상거래처럼 계약을 맺어야 한다. 평등하게 대할 수 있다면 네 명까지 아내를 맞이할 수 있다.

이슬람 제국은 정복지에서도 관대한 방식으로 세금을 거두어들였다. 예를 들어, 이집트에서는 토지세를 금화 또는 은화로 납부해야 했다. 이를 이슬람 제국에서는 금화나 은화에 한정하지 않고, 주민의 형편에 맞는 물품(곡물 등)으로 낼 수 있게 했다. 더구나 이슬람교인이 가축 방목 등의 용도로 조금이라도 사용한 땅은 토지세를 면제해 주었다.

인두세는 이교도 상인에게만 부과되었으며, 이슬람교인이나 농민에게는 부과하지 않았다. 이교도 상인도 불경기일 때는 인두세를 면제해 주었다.

이슬람 제국의 징세 업무에 관한 포고에는 다음과 같은 것이 있다.

• 이슬람교인이 지켜야 할 여섯 가지 믿음과 다섯 가지 신앙 행위.

그들의 재산을 몰수하지 말라. 토지세의 부족분을 충당하려고 그들의 소지품을 팔아 치우지 말라. 세금은 어디까지나 여분의 재산에서 내게 하라. 만약 내 명령에 따르지 않는다면 신은 너를 벌할 것이다.

이슬람 제국은 개종하지 않는 사람들도 결코 거칠게 대하지 않았다. 기독교인과 유대교인은 '같은 경전의 민족'으로서 개종을 강요당하지 않았다. 이슬람 제국이 강하게 개종을 요구한 대상은 어디까지나 다신교 신자였다.

이슬람 제국의 관용

'기독교인과 유대교인은 인두세를 납부할 것, 이슬람교 남성을 때리지 말 것, 이슬람교 여성에게 손대지 말 것, 이슬람교 여행자를 친절하게 대할 것' 등만 지키면 이슬람 제국 내에서도 자유롭고 안전하게 생활할 수 있었다. 더구나 기독교인과 유대교인들이 내는 인두세도 예전보다 훨씬 부담이 덜했다. 이슬람교인이든 다른 종교를 가졌든 과거의 지배자들보다 이슬람 제국이 부과하는 세금이 낮았던 것이다. 심지어 이슬람 제국이 점령지에서 철수할 때는 세금 환급까지 해 주었다.

636년 이슬람 제국은 팔레스타인 대부분을 점령하고 그곳에 살던 유대교인과 기독교인들에게 인두세를 거두어들였다. 하지만 로마 제국이 이 땅을 탈환하기 위해 대군을 파견하자, 이슬람 제국의 군대는 철수할 수밖에 없었다. 이때 이슬람 제국 군대는 팔레스타인 주민들에게 '우리 군은 여러분의 안전을 책임질 수 없게 되었으므로 보호의 대가인 인두세를 환급하겠다'라며 이미 납부된 인두세 전액을 환급해 주었다.

당연히 유대교인과 기독교인들은 감격했고, 쳐들어오는 로마군에게는 적의를 품었다. 이슬람 제국이 급격히 세력을 키운 배경에는 이런 온기가 느껴지는 세무 행정이 있었다.

많은 사람이
이슬람교로 개종한 이유

이슬람 제국은 무함마드가 사망한 뒤 급속히 쇠퇴하고 분열한다. 여기에도 세금이 크게 얽혀 있다. 이슬람 제국에서는 이슬람교, 유대교, 기독교 등 모든 신도의 세금이 평등하지는 않았다. 무엇보다 이슬람교인에게는 토지세가 부과되지 않았다. 이를 본 다른 종교의 신자들은 너도나도 이슬람교로 개종했다.

모두가 세금을 피하기 위해서 이슬람교로 개종했고, 이슬람교인이 폭발적으로 늘어났다. 이슬람교인이 급격히 증가한 결과, 세수가 부족해졌다. 또한 무함마드가 죽고 얼마 지나지 않아 '칼리프'라 불리는 종교 지도자들이 세금을 거두어들였다. 그들이 돈맛을 들이게 되면서 이슬람교는 완전히 부패했다.

570년경	무함마드 메카에서 태어나다	
610년경	무함마드, 신의 계시를 받다	
622년	무함마드와 신자, 메디나로 이주하다(헤지라)	
630년	무함마드, 메카에 무혈 입성하다	
632년	무함마드 사망 아부 바크르, 초대 칼리프로 선출되다(재위 632~634)	
634년	우마르, 제2대 칼리프로 선출되다(재위 634~644)	
636년	야르무크 전투에서 비잔티움 제국의 군대를 물리치다	
642년	나하반드 전투에서 사산 왕조를 격파하다 아랍군, 이집트 정복에 성공하다	정통 칼리프 시대
644년	우스만, 제3대 칼리프에 오르다(재위 644~656)	
651년경	《쿠란》이 책으로 정리되다	
656년	알리, 제4대 칼리프에 오르다(재위~661)	

이슬람 제국의 지도자들은 세수가 부족해지자 이를 해소하기 위해 다른 종교에서 이슬람교로 개종한 사람들에게도 인두세를 부과하려고 했다. 그 때문에 로마 제국 말기와 같은 상태가 되고 말았다.

나라를 몰락시킨 '징세 청부인'

무함마드 이후의 지도자들은 세금이나 재정에 관해서는 잘 몰랐기 때문에 각지의 관리나 군사령관에게 '징세 청부'를 시켰다. 로마 제국에서 민중의 고통을 가중시킨 징세 청부인 제도를 이슬람 제국에서도 도입한 것이다.

　로마 제국과 마찬가지로 이슬람 제국 지방의 유력자는 자기 배를 불리느라 혈안이 되었다. 자연히 중앙 정부에는 돈이 들어오지 않는 현상이 벌어졌다. 지방 관리 중에는 자기 멋대로 인두세를 올려 세금을 더 많이 걷으려는 사람도 나타났다. 그러면서 징세 청부인들의 힘은 점점 더 강해졌다.

　징세 청부인인 관리나 군사령관은 걷은 세금의 80퍼센트를 가지고 나머지 20퍼센트를 상납했다. 감독하는 사람이 없었기 때문에 징세 청부인들은 세금을 자기 마음대로 거두어들였고, 심지어 그 대부분을 자신들이 차지했다. 실제로는 20퍼센트는 커녕 5퍼센트도 상납하지 않았다는 이야기도 있다.

　그 결과 중앙 정부의 힘이 떨어지면서 이슬람 제국의 구심력도 약해졌다. 그에 반해 지방 유력자들은 각 지역에서 세력을 뻗쳤다. 결국, 이슬람 제국은 분열되었고 몽골 제국이 세력을 확장하면서 멸망의 길을 걸었다.

세계를 뒤흔든
강력한 '알라'의 나라

이슬람권은 한때 분열하면서 세력이 약해졌으나, 무함마드 사후 600년이 지나 초기 이슬람 제국의 성격을 강하게 계승한 대제국이 탄생한다. 바로, 오스만 제국이다. 오스만 제국은 1299년 튀르키예 부근의 오스만이라는 작은 호족에서 발전해 생긴 국가이다. 14세기에서 15세기 전반에 영토를 크게 확장하여, 1453년에는 비잔티움 왕국의 수도 콘스탄티노플(현재의 이스탄불)도 공략해 로마 제국의 후예를 멸망시켰다.

이는 기독교 세계에 큰 충격을 안겼다. 비잔티움 제국은 로마 제국의 후예였고, 비록 쇠약해졌다고는 하나 기독교 세계의 중심적인 존재였기 때문이다. 오스만 제국은 발칸 반도에도 진출하여 16세기 초 이집트의 맘루크 왕조를 지배 아래 두었다.

오스만 제국이 전성기를 누릴 때는 지금의 우크라이나 등 동유럽부터 아랍 전체, 서아시아, 서아프리카에 이르는 대제국을 이루었다. 현재 중근동(리비아에서 아프가니스탄까지 즉, 북아프리카와 서아시아를 가리킨다) 전역이 오스만 제국의 지배를 받았던 셈이다. 오스만 제국은 중세에서 살아남아 무려 20세기까지 600년 이상 존속했다. 이슬람교의 번영을 상징하는 나라였다고 할 수 있다.

현재의 세계사는 서구의 관점에서 정리되었다. 따라서 오스만 제국에 관해서는 세계사 속에 그다지 비중 있게 다뤄지지 않았다. 그러나 중세부터 근대까지 오스만 제국은 세계에 막대한 영향을 미쳤다. 세계 경제의 중심적 존재였다고 해도 과언이 아니다.

서구의 대항해 시대 또한 오스만 제국을 빼놓고는 이야기할 수 없다. 여러 서구 국가들이 위험을 무릅쓰고 대항해에 나선 이유는 오스만 제국이 지중해를 지배했기 때문이다. 대항해는 오스만 제국을 피해 아시아와 교역할 수 있는 통로를 개척하기 위해 시작되었다. 오스만 제국은 막강한 군사력으로 기독교 세계를 끊임없이 위협했다. 그 군사력은 절대적인 경제력으로 뒷받침되었다.

중앙집권제도의 발달

오스만 제국이 번영했던 또 다른 이유는 뛰어난 세제 제도를 꼽을 수 있다. 오스만 제국에는 불완전하지만 '중앙집권제도'가 존재했다. 중세의 서구 국가들은 대부분 '봉건제도'였다. 봉건제도는 국왕이 통치하지만, 나라의 대부분은 귀족과 호족이 지배하고 국왕은 이를 통솔하는 역할에 불과한 제도를 말한다. 서구뿐만 아니라 당시 세계 대부분의 지역은 봉건제도를 실시했다.

국왕이 실제로 지배해서 징세권을 지닌 토지는 극히 일부분에 불과했다. 그래서 중세 서구 국왕들은 만성적인 재원 부족에 시달렸다. 채무불이행을 일으킨 국왕도 하나둘이 아니었다. 그러나 오스만 제국은 달랐다. 원칙적으로 중앙 정부가 모든 지역의 징세권을 가졌다. 오스만 제국에는 서른두 개의 주가 있었는데, 이 주는 두 종류로 나뉘었다. 하나는 '티마르형'이라고 불렸고, 제국에서 파견한 관료들이 징세와 행정을 맡았다.

오스만 제국의 서른두 개의 주 가운데 스물두 개 주는 티마르형이었다. 다른 하나는 '살야네형'으로, 이는 자치주에 해당했다. 제국 정부가 총독을 파견하고 군대도 주둔시켰지만 징세와 행정은 현지 제도를 도입했다. 그리고 일정한 금액을 세금으로 중앙 정부에 보냈다. 서른두 개의 주 가운데 아홉 개의 주가 살야네형을 택했다.

강력한 국가의 강력한 군사력

오스만 제국은 중앙집권제도로부터 강대한 힘을 얻었다. 중앙집권제도가 발달한 덕분에 강력한 군대를 보유했다. 제국의 전 지역에서 세수로 거둔 풍부한 자금으로 무기를 갖추고 상비군을 길러 냈다.

오스만 제국의 군인 봉급 기록을 보면 1609년에 보병 3만 8,000명, 기병 2만 명, 포병 1,500명, 포차병 700명, 기타 6,000명으로 총 6만 6,000여 명에 이르는 상비군을 보유했다. 더구나 이들은 평소 전쟁 대비 훈련을 하는 '직업 병사'였다.

당시 서구 국가들은 그만큼 강력한 상비군은 보유하지 못했고 대부분의 병사는 전쟁이 터진 뒤에야 모집했다. 그러니 양쪽이 싸우는 경우, 어느 쪽이 우월할지는 불 보듯 뻔했다. 오스만 제국은 중앙집권제도라는 제도 덕에 1543년부터 제1차 세계대전에서 패배할 때까지 350년 동안 지중해와 중근동 등 넓은 지역을 지배할 수 있었다.

오스만 제국이
세계 경제의 중심이 된 이유

　오스만 제국은 광대한 영토뿐만 아니라 교역의 요충지까지 손아귀에 넣었다. 당시 동서양 무역은 중국, 중앙아시아를 거쳐 유럽으로 이어지는 육로, 이른바 실크로드와 동남아시아에서 말라카 해협을 거쳐 페르시아만에 이르는 해상 경로로 이뤄졌다. 그밖에도 몇 가지 경로가 있었지만 가장 안전하고 채산이 맞는 경로는 이 두 가지였다.

　두 경로의 '중앙 터미널'이라고 할 수 있는 도시가 바로, 오스만 제국의 수도 콘스탄티노플이었다. 중앙 터미널이었던 콘스탄티노플은 러시아 등 북방 지역의 값비싼 검은 담비 모피와 호박, 우크라이나의 곡물, 유럽의 은, 중국의 도자기, 동남아시아의 향신료 등 각지에서 다양한 물품이 모여드는 세계 무역의 중심지가 되었다.

지중해뿐만 아니라 흑해도 오스만 제국이 차지했다. 당시 교통 기술로는 유럽 국가들이 오스만 제국의 영토를 거치지 않고 아시아와 교역하는 일은 거의 불가능했다. 자연히 오스만 제국이 유럽과 아시아 사이에서 교역을 관장하게 되었다.

세계 경제에 영향을 준 아라비아 숫자

오스만 제국의 이슬람 상인들은 세계 경제에 큰 영향을 미쳤다. 그중 하나는 바로 아라비아 숫자를 사용한 것이다.

유럽에서는 로마 숫자를 사용하고 있었다. 그런데 로마 숫자는 단위가 커질수록 X나 I가 여러 개 표시되면 알아보기 어렵고 혼동이 되었다. 그 때문에 로마 숫자로 금전을 기록하면 한계에 부딪힐 수밖에 없었다. 이슬람 상인들로부터 전해진 아라비아 숫자를 중세 이탈리아 상인들이 금전이나 장부 기록에 사용하면서 순식간에 유럽 전역으로 보급되었다.

오늘날 회계 보고의 기준이 된 '복식 부기'도 이슬람 상인들에게서 나왔다. 복식 부기는 매상이나 경비 등을 기록하는 '손익 계산표'와 자산이나 부채 등을 기록하는 '재무 상태표(대차 대조표)'의 두 가지 기록을 장부에 반영하는 방법을 말한다. 복식 부기는 당기 손익과 당기 자산의 증감 양쪽 측면을 분석할 수 있어 회계 상황을 좀 더 정확하게 파악할 수 있다.

복식 부기의 기원은 여러 설이 나돌지만, 정설은 '이슬람 상인이 기본 형식을 만들고 북부 이탈리아 상인이 유럽에 보급했다'가 가장 유력하다.

중요한 건 피부색이 아닌 능력

오스만 제국은 전성기에는 동유럽, 아나톨리아, 메소포타미아, 이집트를 영토로 거느렸다. 그중 아나톨리아 지방과 발칸 지방에는 기독교인이 많이 살았다. 이 지역에는 정기적으로 뛰어난 소년을 징집해 이슬람교로 개종시키고, 병사나 관료가 되도록 교육했다.

자식을 빼앗긴 기독교인 부모에게는 가혹하기 그지없는 일이었다. '데브시르메'라고 불리는 이 제도는 오스만 제국의 군사와 행정을 지탱하는 중요한 제도이기도 했다. 다만 데브시르메로 징집된 소년들이 성장해 고위 관료가 되거나 오스만 제국 정부의 요직에 앉는 흥미로운 경우도 많았다. 또 유대인 인재도 적극적으로 등용했다고 알려져 있다. 현재 이스라엘과 이슬람의 관계를 생각하면 상상하기 어렵지만, 중세부터 근대까지 유대인과 이슬람 국가는 대체로 우호적인 관계를 맺었다.

15세기에 서유럽에서 추방된 유대인들은 행선지 중 하나로 지중해를 선택했다. 당시 지중해를 지배하며 찬란한 영화를 누리던 이슬람의 강국 오스만 제국은 유대인을 환영했다. 유대인은 기독교 국가의 상인들보다 더 큰 신뢰를 받았다. 게다가 그들은 무역이나 무기 제조 기술까지 지니고 있었다.

유대 상인들은 오스만 제국의 후원으로 크게 성장했다. 이곳에서도 유대인은 환전상 등 금융 분야에서 두각을 나타내 세계적 은행가로 성장하기도 했다. 19세기 아편 무역을 장악한 사순 가문도 이 무렵, 이라크 바그다드에 뿌리를 두었다.

바그다드에는 궁정의 금융과 재정을 담당하는 궁정 유대인도 많았다. 은행업을 하는 사람도 적지 않았다. 당시의 은행업은 유대 상인들로부터 예금을 모아 아랍인들에게 빌려주는 형태였다. 유대인 금융가는 사회를 압박하는 존재이기도 해서 아랍의 위정자들이 채무를 면제해 주거나 구실을 만들어 채권자를 참수하기도 했지만, 대체로는 평화롭게 지냈다.

대항해 시대는 '이 나라'를 피하려고 시작됐다?

　오스만 제국은 서양 역사에도 큰 영향을 미쳤다. 스페인과 포르투갈이 세계 항로를 개척한 대항해 시대는 사실 오스만 제국의 '관세'를 회피하기 위해 시작되었다. 당시 유럽 국가들은 아시아에서 들어오는 향신료가 필요했다. 요리에 다양한 변화를 주는 향신료는 중세 귀족 계급에게 필수품 같은 식재료였다. 또 향신료에 든 살균 작용 등은 약의 원료로도 사용되었다.

　유럽 국가들은 향신료를 얻기 위해 이만저만한 고생을 했다. 아시아의 물품을 유럽에 들여오기 위해서는 당시 유통 경로로는 중근동을 경유해야 했다. 중근동에는 거대한 제국, 오스만 제국이 가로막고 있었다.

거대한 오스만 제국은 유럽의 기독교 국가들과는 적대 관계에 가까웠다. 특히 이웃한 스페인, 포르투갈과는 원수지간이었다. 당연히 오스만 제국에서 상품을 들여오려면 매우 비싼 값을 치러야 했다. 오스만 제국도 다른 유럽 국가들과 마찬가지로 재정의 큰 축은 '관세'였다. 오스만 제국은 수입에는 5퍼센트, 수출에는 2~5퍼센트 관세를 부과했다. 비이슬람 국가 상인의 수출 관세는 최고 세율인 5퍼센트가 부과되었다.

향신료는 오스만 제국에 일단 수입된 뒤, 다시 수출되기 때문에 최소한 10퍼센트 관세가 부과되었다. 게다가 식량 원료 등의 수출에는 높은 관세를 부과했으며, 특히 향신료는 모든 유럽 국가가 탐을 냈기 때문에 상당히 높은 관세를 매겼다. 현재 유럽의 향신료 관세율이 어느 정도였는지 정확한 자료는 없다. 그러나 '은 1그램은 후추 1그램과 맞먹는다'는 말이 있을 정도였으니 관세가 상당히 높았음은 분명하다.

스페인과 포르투갈은 어떻게든 오스만 제국을 거치지 않고 아시아와 교역할 방법을 모색해야 했다. 그렇게 해서 생각해 낸 방법이 '대항해'였다. 오스만 제국을 우회해서 아시아와 직접 무역을 할 길을 찾아 나선 것이다.

향신료를 향한 세계 일주

먼저 포르투갈의 모험가들이 아프리카로 가는 항로를 개척해 나갔다. 1488년에는 포르투갈의 바르톨로메우 디아스Bartolomeu Dias가 아프리카 남부의 희망봉에 도달했다. 십년 뒤 1498년에는 같은 포르투갈의 바스코 다 가마Vasco da Gama가 아프리카의 희망봉을 돌아 아시아에 도착하는 데 성공했다.

아프리카 항로 개척에서 포르투갈에 비해 뒤처졌던 스페인은 크리스토퍼 콜럼버스Christopher Columbus를 지원했다. 콜럼버스는 포르투갈로부터 인도 항로 개척 자금 지원을 거절당했던 터였다. 콜럼버스가 개척하고자 했던 인도 항로는 대서양을 돌아 지구 반대편 아시아에 도착하는 경로였다. 당시에는 이미 지구가 둥글다는 사실이 만연했다. 아직 지구 일주에 성공한 사람은 없었지만, 이론적으로 대서양을 건너 아시아에 도착하는 일이 가능했다.

1492년, 마침내 콜럼버스는 아메리카 대륙의 바하마 제도에 도달했다. 당시 콜럼버스는 도착한 땅이 아메리카 대륙이 아니라 인도의 일부라고 생각했다는 유명한 이야기가 있다. 그래서 그가 도착한 섬은 '서인도 제도'라고 명명되었고, 현지 사람들은 '인디오'라 불리게 된 것이다. 이어 1522년에는 스페인의 지원을 받은 페르디난드 마젤란Ferdinand Magellan이 세계 일주에 성공했다.

이렇듯 스페인과 포르투갈은 전 세계에 새로운 항로를 개척해 오스만 제국을 우회해 아시아와 교역할 수 있는 통로를 마련했다. 이로써 스페인과 포르투갈은 오스만 제국을 한 방 먹였다고 생각했으나 오스만 제국도 가만히 손 놓고 있지는 않았다.

오스만 제국은 1535년 프랑스와 특별 협정을 맺고 통상 특권을 부여했다. 이는 프랑스 상인이 오스만 제국에서 장사를 할 경우에는 치외법권, 영사재판권, 개인세 면제, 재산·주거·통행의 자유 등을 인정한 것이다. 관세도 일률적으로 부과했다. 결과적으로 향신료에 붙던 특별 관세가 없어진 셈이다.

왜 기독교 국가인 프랑스가 오스만 제국과 협정을 맺었을까? 당시 프랑스는 스페인과 적대적 관계였기 때문에 '적의 적은 아군'이라는 의미에서 이해관계가 맞아떨어진 것이다. 이후 오스만 제국은 1580년에 영국, 1612년에 네덜란드와 이와 유사한 특별 협정을 맺었다. 이처럼 프랑스, 영국, 네덜란드에는 향신료를 싸게 팔아 스페인과 포르투갈 세력의 향신료 무역을 방해하려고 했다.

이슬람교는 왜
서로 미친 듯이 싸울까?

종교에서 종파 분열은 피하기 어려운 일이다. 이슬람교 또한 여러 종파로 분열되어 종파 간에 심각한 대립이 일어난다. 이는 기독교가 가톨릭과 개신교로 나뉘어 서로 싸우고 있는 상황과 비슷하다.

가장 두드러지는 갈등은 '시아파'와 '수니파'의 대립이다. 시아파와 수니파가 서로 대립한 역사는 1,300여 년 전으로 거슬러 올라갈 만큼 뿌리가 깊다.

이슬람교는 앞에서도 말했듯이 7세기 메카의 상인, 무함마드가 창시한 종교이다. 초기의 이슬람교는 아랍 전역에 걸쳐 거대한 '이슬람 공동체'를 형성했다. 이슬람 공동체는 '칼리프caliph'라

시아파

10%

수니파
90%

수니파와 시아파

고 불리는 최고 지도자를 선출해 그 아래에 통합되었다. 칼리프
는 처음에는 세습제가 아니었다. 그러나 이슬람 공동체가 비대
해지면서 분열이 일어나자 지도자의 선출에도 각자 의견이 갈
렸다.

7세기 '알리'라는 인물이 칼리프가 되었는데, 이를 인정하는
파와 인정하지 않는 파로 분열했다. 알리를 인정하는 파가 '알
리를 따르는 사람들'이라는 뜻의 '시아파'가 되었다. 그리고 시
아파에서는 알리의 후손만이 칼리프에 올랐다. 알리를 인정하
지 않는 파는 '이슬람의 관행을 따르는 사람들'이라는 뜻의 '수
니파'가 되었다. 이후 시아파와 수니파는 서로 적대하는 관계가
된다.

시아파는 10세기 무렵에 세력이 약해졌으나 16세기에 이란
지방에서 일어난 사파비 왕조Safavid dynasty가 시아파를 국교로
정하면서 부활했다. 사파비 왕조는 1501년, 이란 지방에 들어
선 이슬람 왕조이다. 오스만 제국의 강력한 대항 세력이었으며,

한때 이란 지방은 물론 아제르바이잔, 이라크 남부까지 넓은 영역을 점령했다. 자연히 사파비 왕조의 영향력은 컸다. 지금도 시아파의 총본산은 이란인데, 이는 사파비 왕조에서 유래한 것이다. 그리고 오스만 제국은 수니파였다.

수니파와 시아파, 400년 분쟁의 시작

오스만 제국과 사파비 왕조는 사사건건 대립했으며, 소규모 충돌이 영유권 문제로 발전하기도 했다. 특히 티그리스강과 유프라테스강의 하류에 있는 샤트 알 아랍 수로의 영유권을 놓고 오랫동안 갈등을 빚었다. 샤트 알 아랍 수로는 메소포타미아 문명의 발상지인 티그리스강과 유프라테스강이 합류하는 곳으로 길이 200킬로미터, 가장 넓은 지점의 폭은 800미터에 이른다.

샤트 알 아랍 수로의 영유권 문제는 지금으로부터 400~500년 전에 시작되었다. 여전히 문제는 해결되지 않았지만, 양쪽은 오래전부터 아무런 득도 없는 소모전을 끝내고 싶어 했다. 1639년, 메소포타미아 지역에 처음으로 국경선이 정해졌다. 이때는 샤트 알 아랍 수로의 동쪽 지역에 국경선이 그어졌다.

그러나 이후에도 이 지역에서는 끊임없이 힘겨루기가 이어졌다. 국경이 확정되고서 200년 뒤, 근대에 접어들어 사파비 왕조의 뒤를 이어 카자르 왕조가 등장했다. 하지만 국경 분쟁은 끝나지 않았다.

당시 화려한 전성기를 누리던 영국의 중개로 1847년 다시 국경 확정 작업이 이루어졌다. 이번에는 샤트 알 아랍 수로 동쪽 연안이 국경으로 정해졌다. 이로써 국경이 약간 서쪽으로 옮겨지면서 언뜻 카자르 왕조에는 유리해 보였다. 그러나 샤트 알 아랍 수로의 영유권은 오스만 제국에게 있어서 카자르 왕조는 사용할 수 없었다. 이처럼 실질적인 이득이 없는 결과에 카자르 왕조는 불만을 가질 수밖에 없었다.

이 문제는 끝나지 않고 현대로 넘어왔다. 현재 카자르 왕조는 이란으로, 오스만 제국은 이라크로 계승되었지만, 샤트 알 아랍 수로의 영유권을 둘러싼 양국의 대립은 계속된다. 고작 수로 하나로 400년이나 싸움을 하는 모습이 이상하게 보일 수 있다. 그러나 페르시아만으로 흘러들어가는 샤트 알 아랍 수로는 양쪽 모두에게 매우 중요한 의미이다.

페르시아만은 수에즈 운하가 개통되기 전까지는 동서양을 잇는 물류 거점이었다. 샤트 알 아랍 수로는 내륙과 페르시아만을 연결하는 통로였기 때문에, 통로를 사용할 수 있고 없고는 차이가 컸다. 더구나 페르시아만 일대에서 석유가 채굴되면서 샤트 알 아랍 수로의 가치는 한층 더 높아졌다.

지금도 계속되는 수로 분쟁

긴 싸움은 마침내 타협점을 찾아 1937년, 이란과 이라크는 국경 조약을 체결했다. 종전대로 샤트 알 아랍 수로의 동쪽 연안이 국경선으로 정해졌지만, 이란도 샤트 알 아랍 수로를 사용할 수 있는 권리를 얻었다. 사람들은 이로써 양국의 국경 분쟁이 마무리되리라고 기대했다. 하지만 그 기대는 완전히 빗나갔다.

1970년대 이란은 미국을 등에 업고 이라크에 국경선을 조정하라고 압박했다. 당시 이란은 중동에서 가장 강력한 친미 국가였다. 이런 상황에서는 이라크도 저항할 수 없었고 1975년 샤트 알 아랍 수로의 중앙선을 국경으로 하는 데 합의했다. 결과적으로 이라크는 샤트 알 아랍의 영유권을 절반은 빼앗긴 셈이었다. 이라크는 이 원한을 풀기 위해 복수의 칼날을 갈았다.

1979년, 이란에서 이슬람 혁명이 일어나 친미 성향의 팔레비 왕조가 무너졌다. 이슬람 원리주의자 호메이니Ayatollah Ruhollah Khomeini가 이끄는 새로운 정권은 반미 노선을 강화했다. 미국과 이란의 관계는 급격히 냉각되었다.

1980년 미국이 이란을 지원하지는 않는다는 계산 아래 이라크는 이란을 선제공격했다. 이란·이라크 전쟁의 시작이었다. 이때 미국은 이라크 편에 섰다. 당시의 이라크 지도자는 사담 후세인Saddam Hussein이었다. 즉, 미국은 과거에 사담 후세인을 지원했던 것이다.

이란과 이라크 전쟁은 8년 동안 이어지며 100만 명 이상의 사상자를 냈다. 이처럼 큰 희생을 치렀지만 막상 국경선은 전쟁 전의 상태로 돌아갔다. 지금도 샤트 알 아랍 수로를 둘러싼 이란과 이라크의 충돌은 이어지고 있다.

6장

종교 싸움에서
시작해
자원 싸움으로

현대의
종교 갈등

1861	이탈리아 로마로부터 독립
1914	제1차 세계대전 발발
1917	밸푸어 선언 발표
1929	이탈리아와 바티칸 시국 합의 체결
1939	제2차 세계대전 발발
1948	제1차 중동전쟁 발발
1960	석유 수출국 기구 OPEC 설립
1973	제1차 오일쇼크 시작
1988	빈 라덴 알카에다 조직 결성
2001	미국 9. 11 테러

세계 모든 갈등의
중심에 있는 것

근현대에 들어서면서 교회 자체의 경제력은 떨어졌다. 예를 들어, 세계 최대 종교 단체 가톨릭교회는 과거에 전 세계로부터 십일조를 거두어들여 세계의 정치와 경제를 움직였다. 십자군의 원정 비용을 대거나 대항해 시대에 자금을 지원하기도 했다.

그러나 근대에 접어들어 십일조 보내기를 거부하는 나라가 늘어나면서 가톨릭교회의 경제력은 급격히 떨어졌다. 나아가 1861년, 이탈리아가 독립하면서 가톨릭교회가 소유하던 로마의 광대한 교회령마저 몰수당했다. 교황은 이에 저항하며 7년 반 동안이나 로마 바티칸에서 한 발짝도 나오지 않았다.

1920년대 베니토 무솔리니Benito Mussolini의 집권 당시 이탈리아 정부와 바티칸(가톨릭교회)은 화해했다. '이탈리아 정부는 바티칸 시국을 국가로 인정하고 재정적으로 지원한다', '바티칸 시국은 교황령을 포기한다'는 조건으로 1929년 양측이 합의했다 (라테라노 조약).

바티칸 시국(하나의 시만으로 이루어진 작은 국가)은 국제법상 독립적인 국가로 인정받으며 교황이 통치하는 일종의 신권 국가라고 할 수 있다. 바티칸은 현재 183개국과 외교 관계를 맺고 있는데, 이 또한 의례적 의미가 강하다. 외교 관계를 맺는다고 해서 보통의 다른 국가들처럼 '상호 무역을 촉진하자'라거나 '공동으로 자원을 개발하자'라는 식의 교류는 없다. 세계 각국은 가톨릭의 총본산에 경의를 표시하는 의미에서 수교를 맺는다.

바티칸 시국은 관광업과 이탈리아의 지원으로 재정을 꾸려나가는 작은 나라이다. 교황청 이외의 부분은 개방되어서 일반인이 자유롭게 들어갈 수 있다. 별도의 입국 비자나 여권은 필요 없다. 바티칸 시국의 국민도 이탈리아 국내는 자유롭게 오갈 수 있다. 국가 전체가 유네스코 세계문화유산으로 등재되었으며, 성 베드로 대성당, 바티칸 궁전, 바티칸 미술관 등 관광 명소도 여럿 있다. 이러한 박물관이나 미술관 입장료 등 관광 수입과 전 세계 가톨릭 신자들의 기부가 바티칸의 재정을 지탱하고 있다.

세계화된 종교와 돈의 문제

가톨릭에 대항하며 만들어진 개신교교회는 가톨릭의 조직적 권위주의에 대한 반발로 처음부터 조직적 결합은 하지 않았다. 그래서 로마 가톨릭교회 같은 대규모 조직은 없었으며 자연적으로 정치, 경제에 미치는 영향력도 크지 않았다. 이처럼 종교 단체 자체가 막강한 재력을 바탕으로 국가와 세계 정치, 경제를 움직이는 시대는 끝났다고 할 수 있다.

그러나 '종교와 돈이 얽힌 문제'는 해소되지 않았다. 오히려 교회 단위가 아니라 국가 규모, 민족 규모에서 종교와 돈이 얽힌 여러 문제가 일어났다. 경제의 세계화가 진행되면서 종교 갈등이 경제 갈등을 낳거나 반대로 경제 갈등이 종교 갈등으로 이어지기도 하면서 종교와 돈의 문제 또한 세계화된 것이다. 근대적인 '종교와 돈의 문제' 중에 가장 심각한 것이 '이스라엘 문제'라고 할 수 있다.

이슬람과 유대교도
사이 좋을 때가 있었다?

　현재 중동에서는 분쟁이 끊이지 않는다. 이스라엘과 아랍 국가들 사이에는 종종 충돌이 벌어지며, 팔레스타인에서는 전쟁과 같은 상태가 줄곧 이어진다. 이스라엘을 둘러싼 분쟁은 유대교, 이슬람교, 기독교가 얽힌 매우 까다로운 문제이기 때문에 쉽게 이해하기 어려운 측면이 있다.

　제1차 세계대전 때의 일이다. 앞에서 말했듯이 중세에서 근대까지 중동에는 오스만 제국이라는 이슬람교의 대국이 존재했다. 제1차 세계대전에서 오스만 제국은 독일, 오스트리아의 동맹국 편에 섰다. 오스만 제국도 이 무렵에는 한때 대제국으로서 구심력을 잃어 리비아, 마케도니아, 알바니아 등이 제국에서 독립한 상태였다. 또 남쪽으로는 러시아로부터 압박도 받고 있었다. 이러한 상황을 타개하기 위해 신흥국 독일에 접근하여 동맹 관계를 맺어야만 했다.

영국과 프랑스를 중심으로 한 연합국 측은 처음에는 오스만 제국을 자신들의 진영으로 끌어들이려는 외교전을 펼쳤으나 실패하고 만다. 오스만 제국이 동맹국 측에 가담하여 참전하자 이번에는 오스만 제국을 와해시키기 위한 공작에 나섰다. 영국과 프랑스는 오스만 제국과의 전투에서 승리하기 위해 교묘한 전략을 펼쳤다. 먼저 오스만 제국이 지배했던 아랍 부족들에게 전쟁이 끝나고 독립시켜 주겠다는 조건으로 전쟁에 협력하게 했다.

영국의 육군 정보부 소속 장교 토머스 에드워드 로렌스Thomas Edward Lawrence도 이때의 공작원 중 한 사람이었다. 그는 영화 〈아라비아의 로렌스〉의 주인공으로도 유명하다. 고고학자로서 중동에 조예가 깊었던 로렌스는 제1차 세계대전이 터지자 육군 정보부에 소환되어 임시로 중위 임명을 받는다. 중동에 파견된 그는 오스만 제국에 대항한 아랍 부족들의 반란을 지원한다. 그 결과 제1차 세계대전이 끝나고 오스만 제국은 와해되고 말았다. 영국과 프랑스의 주도로 팔레스타인, 이라크, 요르단, 시리아, 레바논 등 현재의 아랍 국가들의 원형이 만들어졌다. 이로써 600년 넘게 존속했던 오스만 제국은 소멸하게 되었다.

밸푸어 선언과 이스라엘의 탄생

현재 중동 지역의 갈등과 혼란은 이때 영국이 오스만 제국을 해체하며 남긴 불씨로 인해 쉽사리 사그라지지 않고 있다. 제1차 세계대전 당시 영국은 전쟁을 유리하게 끌고 가기 위해 서로 다른 세 가지를 약속했다. 먼저, 아랍 사회에는 팔레스타인을 포함해 중동 전체에서 오스만 제국을 대신할 아랍 왕국을 수립해주기로 한다(후세인-맥마흔 서한, 1915년).

앞서 설명했듯이 당시 이슬람 세계는 대부분 오스만 제국의 지배 아래 있었다. 그러나 오스만 제국의 지배에서 벗어나고 싶은 부족도 있었기에 전후 독립을 조건으로 각 부족이 반란을 일으키게 한 것이다.

또 하나는 동맹국 프랑스를 상대로 한 약속이었다. 영국과 프랑스가 중동 전체를 분할 통치하자는 비밀 약속이다(1915년, 사이크스-피코 협정). 제1차 세계대전의 동맹국이자 당시 세계적 강국이었던 프랑스의 비위를 맞추기 위해서였다.

마지막은 유대인에게 약속한 유대인 내셔널 홈(민족적 고향) 건설이다(1917년, 밸푸어선언). 제1차 세계대전이 일어나기 전 현재 이스라엘이 있는 팔레스타인 지방도 오스만 제국이 지배했던 곳이었다.

당시 유대인 사회에서는 독일과 오스만 제국이 속한 동맹국 진영을 지지하는 사람이 많았다. 이때 가장 가혹하게 유대인을 박해했던 나라는 러시아였다. 그들은 자신들을 박해한 러시아와 싸우는 독일을 지지했던 것이다. 여러 번 말했다시피 유대인은 고대부터 금융 분야에 뛰어난 민족이었다. 유명한 부호 로스차일드 가문도 18세기 독일에서 세력을 키운 유대인 은행가 가문이다.

제1차 세계대전에서는 금융 권력을 잡은 유대인 사회가 어느 진영을 지지할지 주목되었다. 물론 두 진영 모두 유대인 사회를 끌어들이고 싶어 했다. 유대인을 아군으로 두면 전쟁 비용을 조달하는 데 꽤 유리하기 때문이다. 고전하던 연합국 측 영국이 꺼낸 비장의 무기는 유대인 사회에 달콤한 사탕 같았다.

'밸푸어 선언'이라고 불리는 이 약속은 당시 영국의 외무장관 아서 밸푸어Arthur Balfour가 유대인 사회를 대표하는 로스차일드 가문에 보낸 편지가 공개되면서 알려졌다. 전쟁이 끝나면 팔레스타인 지방에 유대인의 내셔널 홈의 건설을 지지한다는 내용을 담았다. 영국은 유대인의 돈을 빌리기 위해 팔레스타인 지역을 유대인에게 내주겠다는 약속을 한 것이다. 영국의 제안은 유대인 사회의 오랜 열망을 잘 읽어 냈다고 할 수 있다.

밸푸어 선언에는 '유대 민족을 위한 내셔널 홈national home을 팔레스타인에 수립하는 것을 적극 찬성한다'라고 되어 있으며, 유대인의 국가를 세운다고는 명시되어 있지 않다. 그러나 유대인들은 이를 자신들의 국가를 세울 수 있다고 해석했다.

영국이 만들어 낸
재앙의 씨앗

제1차 세계대전에서 어렵사리 연합국 측이 승리를 거뒀지만, 전후 중동의 상황은 혼란스러웠다. 특히 팔레스타인 지역은 더 없는 혼란에 빠졌다. 아랍 세계와 이스라엘 사이의 갈등이 싹 텄기 때문이다. 이는 영국의 삼중 외교가 뿌린 씨앗이었다.

팔레스타인 지역은 국제연맹의 결정에 따라 영국의 위임통치령으로 지정되었다. 제1차 세계대전이 끝났을 때 팔레스타인에는 약 75만 명의 주민이 살고 있었으며 그중 65만 명이 아랍인이었다. 유대인도 거주했지만 소수에 불과했다. 아랍인과 유대인은 서로 친밀하다고는 할 수 없어도 대체로 평온하게 공존하는 사이였다.

그러나 밸푸어 선언이 알려지면서 그들의 사이는 틀어졌다. 유대인들은 팔레스타인으로 대거 이주했다. 제1차 세계대전 종료 후 팔레스타인에 거주하는 유대인은 5만 명 정도에 불과했으나, 1931년부터 1935년 사이에 무려 15만 명이 이주한 것이다. 이를 두고 아랍인 사회는 크게 반발했다. 팔레스타인에서는 유대인과 아랍인 사이에 충돌이 잦았고 종종 대참사로 발전하기도 했다.

제2차 세계대전 이후, 팔레스타인을 둔 유대인과 아랍인의 대립은 한계점에 다다랐다. 영국은 마침내 위임통치를 포기하고 이 문제를 국제연합에 넘겨 버렸다. 국제연합은 논의 끝에 팔레스타인 지역을 셋으로 분할하여 유대인 자치구, 아랍인 자치구, 그리고 각 종교의 중요한 성지가 있는 이스라엘의 일부는 국제연합의 관리 아래에 둔다고 제안했다. 독립 국가 건설을 갈망하던 유대인 측은 마지못해 국제연합의 제안을 받아들였지만 아랍인 측은 이를 거부했다. 유대인 측은 얻는 것이 있지만 아랍인 측은 잃을 것밖에 없었기 때문이다.

원수가 된 유대교와 이슬람교

1948년 5월 14일, 영국의 위임통치가 종료되자 팔레스타인의 유대인들은 이스라엘 건국을 선언했다. 이와 동시에 팔레스타인 지역에 원래 거주하던 팔레스타인 사람들은 물론이고 이웃 아랍 국가들도 이스라엘의 국가 수립에 반대하며 전쟁이 시작되었다. 이것이 제1차 중동전쟁이다.

아랍 측에 이집트, 시리아, 모로코, 레바논, 이라크, 요르단, 사우디아라비아, 예멘이 참전했으며 영국군 장교들도 다수 아랍군에 동참했다. 수적으로도 아랍군은 15만 명인데 비해 이스라엘군은 많아야 3만 명이었다. 아랍 측이 압도적으로 유리해 보였다. 아랍 측은 군사적으로 압도적 우위에 있었으나 긴밀한 연계 부족과 내부 균열로 말미암아 필사적으로 저항하는 이스라엘군에 패배를 거듭했다. 이스라엘군에는 종군 경험이 있는 사람들도 많았던 데다 아랍군 내부의 응집력이 부족했던 탓에 도리어 이스라엘의 반격을 허용하고 말았다.

결국 제1차 중동전쟁은 1949년 휴전협정을 체결하며 종결되었다. 먼저 공격을 시작한 아랍 측이 더 많은 것을 잃었다. 이 전쟁 이후 이스라엘은 국제연합이 정한 유대인 자치구 이상의 지역을 지배하게 되었다. 휴전협정에서 정해진 경계선이 현재 국제적으로 인정되는 이스라엘의 국경선이다.

전쟁 중에 주변국으로 피신했던 팔레스타인의 아랍인들은 이스라엘 정부로부터 귀환을 허가받지 못했다. 그 때문에 수십만 명이 넘는 난민이 생겨났다. 그들 중에는 지금까지 몇 대에 걸쳐 난민 캠프에서 생활하는 사람들도 있다. 팔레스타인 난민의 비극은 이렇게 시작되었다.

이후 이슬람교인과 유대교인은 철천지원수 관계가 되고 말았다. 처음에는 '팔레스타인 지역의 영토 문제'로 출발한 이스라엘 문제가 이슬람교와 유대교의 종교적 대립으로 발전한 것이다.

복잡한 아랍을 더 복잡하게 만든 석유

중동 지역의 영토 분쟁에 이어 또 하나 커다란 혼란이 더해진다. 바로 '석유'이다. 제1차 세계대전과 제2차 세계대전 전후에 중동에서는 잇따라 거대한 유전이 발견되었다. 그때까지 중동에서 석유를 채굴할 수 있다는 사실은 알려졌으나 채산이 맞을 정도의 대규모 유전은 발견되지 않았다.

그러다가 1908년에는 이란, 1927년에는 이라크에서 대규모 유전이 발견되었다. 또한 미국 석유 회사인 캘리포니아 스탠더드 오일(지금의 셰브론)이 1932년 바레인에서, 1938년 사우디아라비아의 단맘에서 대규모 유전을 발견했다. 같은 해 쿠웨이트의 부르간에서도 유전이 발견되었다.

더구나 마침 이 시기에는 에너지 혁명이 일어나 전 세계적으로 석탄에서 석유로 에너지원이 전환되는 시점이었다. 선박과 공장의 동력원으로 에너지 효율이 좋은 석유가 사용되는 일이 증가했고, 석유를 연료로 하는 항공기와 자동차 등이 폭발적으로 보급되기 시작했다. 그 때문에 서구 국가들은 중동의 이권을 차지하기 위해 불꽃 튀는 각축을 벌였다.

이스라엘과 아랍 국가들의 대립 구도만 해도 더없이 복잡한 상황 속에서 석유 같은 중요한 전략 물자까지 얽혀든 것이다. 중동의 산유국은 대부분 이슬람교를 국교로 하는 나라들이다. 즉, 이슬람 국가가 막대한 오일 머니를 쥐고 있다는 뜻이다. 이른바 '이슬람 자본'의 탄생이다.

석유 하나 때문에
우정을 맺은 사람들

제2차 세계대전 이후 중동 지역(아랍 지역)은 한동안 서방 진영에 속해 있었다. 특히 미국은 이 지역에서 막강한 영향력을 발휘했다. 미국과 아랍 국가들의 긴밀한 유대관계는 제2차 세계대전 중에 맺어진 어떤 밀약에서 비롯되었다. 제2차 세계대전의 막바지에 미국과 사우디아라비아가 주고받은 밀약이 전쟁이 끝난 뒤 세계 경제에 커다란 영향을 미친 것이다.

사우디아라비아의 초대 국왕 이븐 사우드Ibn Saud 의 전기와 미국의 전 CIA 요원 로버트 베어Robert Baer 의 회고록에 이런 일화가 있다. 1945년 2월, 얄타회담 직후 미국 순양함 퀸시호 갑판에서 프랭클린 루스벨트 대통령Franklin Roosevelt 과 이븐 사우드 국왕의 극비 회담이 열렸다. 이 자리에서 사우디아라비아는 석유 거래 시 결제 통화는 모두 달러를 사용하겠다고 약속했다. 그 대신 미국은 아랍 왕국이 다른 국가나 세력에 위협당할 경우 군대를 출동시켜 주겠다고 확약했다.

이 밀약은 거의 사실로 받아들여지고 있다. 이븐 사우드 국왕의 전기 등 다수의 자료에 명시되었으며, 이후 미국과 사우디아라비아의 행보를 보더라도 그러한 약속이 있었다고 추측할 수밖에 없다.

달러와 석유의 긴밀한 관계

실제로 사우디아라비아는 석유 거래를 위해 뉴욕의 머니센터 뱅크(대형 상업은행)의 비거주자 달러 예금계좌를 결제계좌로 지정했다. 그 밖의 계좌에서는 결제가 이뤄지지 않도록 했다. 미국도 아랍 왕국이 위기에 처했을 때 여러 차례 군대를 보냈다.

그동안 미국은 '민주주의의 기수'를 내세우며 전 세계 비민주주의 국가들에 항의하거나 개선을 요구해 왔다. 그러나 아랍 지역의 비민주적인 왕권 정부에는 아무런 행동을 하지 않고 용인해 왔다. 이는 미국이 밀약을 지켰기 때문이라고 생각할 수밖에 없다. 아랍 국가들도 미국과의 밀약을 견지해 왔다.

'석유 거래는 달러로만 결제한다'라는 관습은 여전히 석유 업계 전체에 암묵적 양해처럼 깔러 있으며, 이는 미국에 엄청난 이익을 가져다 주었다.

석유는 '산업의 혈액'이자 사회의 필수품이며 최강의 전략 물자이다. 더구나 거래액도 막대해서 석유 거래를 위해서는 거액의 달러가 필요하다. 석유를 사려면 달러가 필요하므로 석유가 필요한 나라는 달러를 준비해야 한다. 필연적으로 석유를 사려는 나라는 먼저 달러를 사들여야 하는 것이다. 미국은 아무것도 팔지 않지만, 세계 각국은 달러를 살 수밖에 없다. 미국은 달러를 찍어 내는 조폐기를 돌리기만 해도 전 세계 돈이 자국으로 흘러들어오는 셈이다.

달러가 석유 거래를 독점한다는 것은 지금도 달러가 세계 기축통화 역할을 하는 데 커다란 요인으로 작용했다고 볼 수 있다.

미국은 지금도
줄타기를 하고 있다

중동 문제를 더 복잡하게 만드는 요소가 하나 더 있다. 바로, 미국과 이스라엘의 관계이다. 이스라엘은 아랍 지역에서 단단히 미움을 샀고, 애초에 건국 당시 상당수 아랍 국가들은 이스라엘을 국가로 인정하지 않았다. 아랍 국가들은 세계에서 가장 중요한 산유 지역에 자리 잡고 있다. 앞에서 언급했듯이 미국은 사우디아라비아와 중동의 석유 이권을 손에 넣고 이를 이용해 경제 패권을 크게 확대했다.

미국의 세계 전략 관점에서 보자면 친아랍 일변도로 나가도 충분했다. 하지만 그렇게 할 수 없는 사정이 있다. 미국과 이스라엘은 친척과도 같은 관계이기 때문이다. 사실 미국에는 유대인이 500만 명 이상 거주하며, 이스라엘을 제외하면 현재 세계 최대의 유대인 거주국이다.

대항해 시대에 스페인과 포르투갈은 유대인을 추방했으나 영국은 그렇게 하지 않았다. 그런 이유에서 전 세계 유대인들이 아메리카 대륙의 영국 식민지로 흘러 들어갔다. 특히, 뉴욕에는 많은 유대인들이 모여 살았기 때문에 '쥬욕 Jew York (Jew는 유대인(Jews)을 가리킨다)'이라 불리며 야유를 받기도 했다. 현재 뉴욕에 사는 총인구의 20퍼센트 이상인 170만 명이 유대인이다.

미국에 사는 유대인들의 활약

미국에 사는 유대인들은 미국의 경제, 의료, 학술 등 모든 분야에서 활약하고 있다. 이들은 세계에서 가장 부유한 나라인 미국에서도 상류층에 속한다. 백화점을 비롯한 소매업, 도매업, 언론계, 금융계, 영화산업 등의 분야에서 유대인들은 압도적인 점유율을 차지한다. 뉴욕의 금융계에도 유대인이 많다. 미국 경제는 유대인 없이 돌아가기 어려우리라는 말도 과장은 아니다.

유대인 단체는 미국 의회에도 강한 영향력을 행사하고 있다. 유대인 단체는 당연히 이스라엘을 지원하기 위한 활동을 한다. 미국 연방의회에서는 로비스트의 영향력이 강한데, 그중에서도 유대인 단체 로비스트의 힘은 막강하다.

대표적으로 미국 이스라엘 공공문제위원회AIPAC가 그러하다. AIPAC은 미국은퇴자협회AARP 다음으로 미국에서 두 번째로 강력한 영향력을 가진 단체이다. 즉, 전미총기협회NRA를 웃도는 힘이 있다는 뜻이다.

미국에게 이스라엘은 친척 같은 존재이며, 아랍 국가들은 충성스러운 고객과 같다. 다시 말해, 미국 입장에서 볼 때 이스라엘 문제는 자신의 친척과 자신의 충성 고객이 싸우는 꼴과 같은 구도인 셈이다.

아랍이 서로
동업자가 될 수밖에 없는 이유

제2차 세계대전 이후 동서 냉전이 시작될 무렵 중동의 아랍 국가들은 서방 진영에 속해 있었다. 그러다가 1950년대에 들어서면서 아랍 산유국들은 서방의 지배에 저항했다. 아랍 산유국들은 처음에는 이렇다 할 불만을 품지 않았다. 아무것도 하지 않아도 상당히 큰돈이 들어왔기 때문이다.

석유를 채굴하려면 먼저 거액의 투자가 이뤄져야 한다. 정제 시설 건설, 파이프라인 부설, 유조선 준비 등이 필요하기 때문이다. 당시 아랍 국가들은 스스로 이러한 시설과 장비를 마련할 기술력도 경제력도 없었다. 그래서 서구의 석유 기업에 권리를 넘기고 광구 사용료만 받았다.

서구의 석유 회사들은 당사국에 광구 사용료를 지불하고 나머지 수익은 자신들이 챙겼다. 그런데 곧 아랍 산유국들도 이 석유 회사가 막대한 수익을 올린다는 사실을 알아챘다. 석유 사업은 초기에 거액의 투자가 필요하지만, 그 뒤에는 투자한 금액의 몇 배나 되는 돈이 들어온다. 이를 본 아랍 국가들은 불만을 품었다. "우리의 자원을 이용해 왜 다른 나라 기업이 큰돈을 벌어들이는가?"라는 반발이었다.

사우디아라비아 석유를 독점했던 미국 기업 아람코*Arabian American Oil Company는 1949년에 사우디아라비아 정부에 지불하는 광구 사용료의 세 배가 넘는 수익을 올렸다. 아람코가 미국 정부에 낸 세금은 사우디아라비아 정부가 받은 금액보다 400만 달러나 더 많았다. 석유 기업이 미국에 내는 세금보다 사우디아라비아에 더 적은 금액이 들어왔다. 사우디아라비아에서 나는 석유로 벌어들인 돈을 사우디아라비아 정부보다 미국 정부가 더 많은 몫으로 챙겨간 것이다.

광구 사용료는 초기 단계에 결정되며 계약이 체결되기 때문에 쉽게 변경할 수 없다. 하지만 도중에 변경하는 전례가 있기는 했다. 1943년 베네수엘라는 석유 회사와 교섭을 벌여 처음에 정한 광구 사용료를 변경해 석유 수익을 5 대 5 비율로 분배

● 미국 정부의 지원으로 캘리포니아 스탠더드 석유 회사(Socal)가 사우디아라비아와 합작해서 1933년에 설립한 회사. 지금의 사우디 아람코는 사우디아라비아의 국영 석유 기업이다.

하기로 했다. 사우디아라비아도 이를 본떠 1950년, 아람코 측에 석유 수익을 5 대 5로 분배하자고 요구했고, 이는 받아들여졌다. 이를 지켜본 다른 아랍 국가들도 비슷한 교섭을 벌여 성공했다.

다만, 서구의 석유 기업들은 그 이상 변경에는 좀처럼 응하지 않았다. 더구나 이 기업들은 산유량과 석유 가격 등 석유 생산에 대한 모든 면에서 결정권이 있었다. 산유국들은 이런 부분에 관여할 수 없었다. 그 때문에 수익의 50퍼센트는 얻을 수 있으나 수익 자체를 통제하지는 못한다. 석유 회사가 내미는 수익을 잠자코 받아들일 수밖에 없는 이유였다. 더구나 아랍 국가에는 기술자가 부족했고, 석유와 관련한 전문 지식을 갖춘 사람이 없기도 했다.

전세계 석유의 주도권을 잡다

아랍 국가들이 마냥 손을 놓고 있지는 않았다. 젊은 학생들을 서구 국가로 유학을 보내 전문 지식을 배우게 했다. 1960년대에 이르러서는 젊은이들이 고국으로 돌아와 활약했다. 그리고 아랍의 석유 기술자들 중에서 아랍 국가들이 서로 결속하고 서구의 석유 기업을 압박해 석유 생산의 주도권을 잡아야 한다고 생각하는 사람들이 나타났다.

이 무렵 아랍의 산유국을 격분하게 만드는 일이 벌어졌다. 1959년, 아랍에서 원유를 생산하던 영국의 거대 석유 기업 브리티시 페트롤리엄BP이 석유 가격을 10퍼센트 인하하겠다고 발표했다. 당시 소련제 석유 등이 남아도는 상황이었기 때문이다. 더구나 아랍의 산유국들은 이 발표를 사전에 알지 못했다. 석유 가격이 10퍼센트 떨어지면 산유국의 재정에 커다란 영향을 미친다. 그만큼 중대한 사항을 산유국에 미리 알려 주지도 않고 석유 기업에서 마음대로 결정해 버린 것이다. 당연히 산유국들은 분노했다.

1960년에는 미국 석유 기업인 뉴저지 스탠더드 오일(지금의 엑슨)이 석유 가격을 7퍼센트 인하하겠다고 발표했다. 이 또한 아랍 산유국들에게는 아닌 밤중에 홍두깨 같은 일이었다.

분노로 속을 끓이던 아랍 산유국들은 마침내 공동으로 서구 석유 자본에 대항할 조직을 만들었다. 바로, 석유 수출국 기구, OPEC이다. OPEC은 이란, 이라크, 쿠웨이트, 사우디아라비아, 베네수엘라 등 5개국이 모여 결성한 국제적 석유 카르텔 조직이다. OPEC은 5 대 5로 유지되던 석유 수익 분배율을 산유국이 6, 석유 회사가 4로 변경하는 것과 각국이 국영 석유 회사를 세워 자국의 석유에 대해 주도권을 잡는 것을 목표로 했다.

그들을 무시하면
전세계가 흔들린다

OPEC은 주로 아랍 국가들로 구성되었기 때문에 자연히 아랍 국가들의 이익도 대변했다. OPEC이 전 세계를 상대로 자신들의 영향력을 최대로 행사한 사건이 '오일 쇼크'였다. 당시 이스라엘 문제는 아랍 국가들의 공통된 고민거리였다.

앞서 말했듯이 유대인들은 팔레스타인 지역 일부를 점거하고 제2차 세계대전 이후 일방적으로 이스라엘 건국을 선언했다. 아랍 국가들은 영토를 회복하기 위해 이스라엘과 전쟁을 벌였지만 무참하게 패배하고 도리어 영토를 잃고 말았다.

석유로 반격을 가하다

이 패배를 계기로 아랍 세계의 리더였던 이집트의 무함마드 사다트 대통령 Muhammad Anwar el-Sadat 은 한 가지 생각을 떠올린다. '이집트가 이스라엘을 공격하고 동시에 아랍 산유국들이 공동으로 전 세계를 압력을 가한다'라는 계획이었다. 즉, 이스라엘 쪽에 가담한 서방 국가들에게 석유 수출을 제한 또는 중단하겠다는 이야기이다.

당시 세계 경제의 석유 의존도는 최고조에 달해 있었다. 아랍에서 들여오는 석유 수입 비율은 미국이 28퍼센트, 일본은 44퍼센트, 유럽 국가들이 70~75퍼센트였다. 게다가 사우디아라비아는 석유 수출량에서 세계 1위를 차지했다.

1973년 10월 6일, 이집트와 시리아 군대가 이스라엘을 향해 공격을 개시했다. 이들은 이스라엘 군대의 경계가 느슨해지는 속죄일*을 공격일로 정했다. 1967년에도 이집트와 이스라엘은 전쟁을 벌였고, 당시 이집트는 뼈아픈 패배를 당했다. 그때의 기억을 가진 이스라엘 측은 설마 이집트가 공격해 오리라고는 생각하지 못했다.

이집트는 단순한 국지전 수준의 병력이 아니라 전군을 모조리 동원해 공격했다. 처음에는 이 기습 작전이 맞아떨어진 듯 이스라엘군이 열세에 몰렸다. 그로부터 일주일 뒤, 소련이 이집트와 시리아 군대에 무기를 공급하기 시작했다. 이를 본 미국

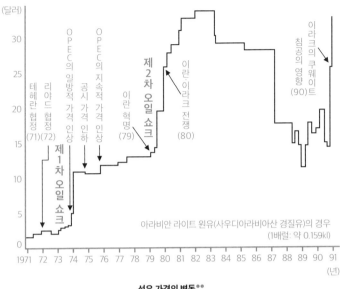

석유 가격의 변동**

이 이스라엘에 무기를 공급하면서 전선은 교착 상태에 빠졌다.

그 직후, 1973년 10월 16일 아랍 산유국의 석유 담당 장관이 쿠웨이트에 집결했다. 그리고 석유 가격의 17퍼센트 인상을 결정했다. 서구의 석유 회사에는 논의는커녕 사전 통지조차 하지 않았다. 입장이 완전히 뒤바뀌면서 산유국이 우위에 선 것이다. 다음 날인 17일의 발표 때는 한 발짝 더 나아갔다.

- 이스라엘의 가장 크고 엄숙한 명절로 히브리어로는 '욤 키푸르'라고 부른다. 유대인들은 이 날 아무 일도 하지 않으면서 묵상과 반성, 금식과 기도만 한다.
- **《석유자료》(석유통신사) 등에서 발췌.

- 이스라엘군이 1967년에 점령한 지역에서 철수할 때까지 매달 5퍼센트씩 석유 생산량을 줄일 것이다.
- 수출 감축은 이스라엘에 물질적, 도의적으로 가담한 국가만을 대상으로 한다. 이스라엘에 가담한 국가에는 곧 전면적인 석유 금수 조치를 취할 것이다.

이 발표를 접한 전 세계 국가들은 엄청난 충격을 받았다. 그런데도 미국은 이스라엘에 대한 무기 지원을 중단하지 않았고, 서방 국가들도 미국 눈치를 보느라 반이스라엘 입장을 표명하지 못했다. 이에 아랍 국가들은 실제로 생산량을 줄였고, 미국에 대해서는 전면 금수 조치를 단행했다. 아랍 국가들의 석유 산출량은 25퍼센트 줄었고, 석유 가격은 반년 사이에 네 배로 껑충 뛰었다.

석유를 아랍에 의존해 온 전 세계가 큰 혼란에 빠졌다. 이른바 '오일쇼크'였다. 미국 역시 어떻게든 대처해야 할 처지였다. 소련도 이대로라면 군사를 개입해야 했기 때문에 가급적 빨리 매듭짓기를 원했다. 미국과 소련이 공동으로 중개에 나서 1967년, 이스라엘이 점령했던 지역의 일부를 이집트와 시리아에 반환하고 이스라엘 군대를 완충 지대에 설치하기로 하면서 이 전쟁은 끝을 맺었다. 오일 쇼크도 곧 수습되었다.

아랍 국가들은 제1차 오일 쇼크로 전 세계에 자신들의 막강

한 영향력을 여실히 과시했다. 서방 선진국들은 아랍 국가들을
무시했다가는 세계 경제가 제대로 돌아가지 않는다는 사실을
절감하게 되었다.

미국과 테러범의
기묘한 관계

　오늘날 서구 국가에는 이슬람교인들이 저지르는 테러가 심심찮게 일어난다. 특히 2001년 테러범들에게 납치된 항공기가 미국 뉴욕 세계무역센터 쌍둥이 빌딩에 충돌한 이른바, '9.11 테러 사건'은 전 세계를 공포의 도가니로 몰아넣었다. 9.11 테러를 일으킨 이슬람 과격 단체 '알카에다'는 사실 과거에 미국이 경제적으로 지원하던 조직이기도 했다. 미국은 알카에다를 이용했으나 결국 적대 관계가 되었다.

　그들이 적대 관계가 된 경위는 이렇다. 제2차 세계대전 이후 1990년대 초까지 냉전 시기 미국과 소련의 대결은 매우 긴박하게 펼쳐졌다. 냉전 당시 미국은 이슬람 국가들을 자기편으로 끌어들이기 위해 여러 나라에 다양한 형태로 지원을 아끼지 않았다. 다만 지나치게 미국의 안위와 이익을 우선했기 때문에 이슬람 세계에 심각한 분열과 재앙을 낳았다. 이것이 이슬람 세계 사람들이 미국을 싫어하는 가장 큰 이유이기도 하다.

9.11 테러를 일으킨 알카에다도 미국의 비호 아래 만들어진 조직이었지만, 미국으로부터 버림받은 뒤 반미로 돌아섰다. 그 경위는 다음과 같다.

1978년, 쿠데타로 아프가니스탄에서 공산주의 정권이 탄생하자 이에 반발하는 이슬람교 국민들 사이에 내전이 일었다. 여기에 소련이 개입하면서 아프가니스탄 전쟁이 벌어졌다. 전쟁이 시작되자 사우디아라비아 부호의 아들인 오사마 빈 라덴Osama bin Laden이 파키스탄 페샤와르에 자비로 집을 빌려 아프가니스탄 반군의 휴식처를 제공했다. 부상병들에게 초콜릿과 캐슈너트를 나눠 주거나 자금을 지원하기도 했다.

그는 사우디아라비아 명문가 출신이라는 점을 이용해 파키스탄 정부와 자선 단체, 자산가 등에게 기부를 받아 아프가니스탄 반군의 숙소를 세우거나 하는 등의 전비로 충당했다. 그의 앞으로 전 세계 이슬람 부호와 자선 단체로부터 거액의 기부금이 모여들었다. 모인 금액이 총 3억 달러였다는 말도 있고, 5억 달러에 달했다는 말도 있다. 이때 자금은 그대로 이슬람 과격파의 활동 자금으로 흘러갔다. 빈 라덴에게 기부한 목록에는 이슬람협력기구, 무슬림세계연맹 같은 이슬람 관련 유명 단체들이 줄줄이 이름을 올랐다.

아프가니스탄 전쟁이 10년째로 접어든 1988년에 알카에다라는 조직을 결성한 사람도 빈 라덴이었다. 그는 아프가니스탄 반군을 지원하는 데 그치지 않고 스스로 사설군을 만든 것이다. 이때 이슬람 국가 외에도 강력한 지원국이 있었다. 바로, 미국이다.

소련의 영향을 조금이라도 배제하고 싶었던 미국 입장에서는 아프가니스탄이 소련의 손에 떨어지는 상황을 도저히 묵과할 수 없었다. 그 때문에 무기 공여, 군사 훈련 등 아프가니스탄의 반군 게릴라를 적극 지원했다. 빈 라덴이 만든 알카에다는 그렇게 미국으로부터 대량의 무기를 공급받았다. 맨 처음 알카에다를 키운 조직은 다름 아닌 미국이라고 볼 수 있다. 미국은 공산주의에 대항하기 위해 이슬람 전사를 키운 것이다.

쿠웨이트 전쟁으로 어긋난 관계

아프가니스탄 전쟁이 끝나고 소련도 무너지자 미국은 알카에다 등 이슬람 무장 조직에 대한 지원을 차례차례 중단했다. 그런 미국의 변화가 이슬람 무장 세력에게는 당연히 반가울 리 없었다. 무장 세력에 가담한 젊은이 중에는 종교적 사명감 때문에 참여한 사람도 있지만, 대다수는 직업이 없고, 할 일도 돈도 없는 사람들이었다. 그들이 무장 세력을 떠나더라도 일반 사회에는 그들을 받아줄 곳이 없었다.

미국에 대한 반발심이 싹트기 시작했을 때, 이라크가 쿠웨이트를 침공하면서 전쟁이 발발했다. 이라크의 쿠웨이트 침공을 중단시키기 위해 사우디아라비아 정부는 미군의 주둔을 인정하고 다국적군이 쿠웨이트에서 이라크를 몰아내는 일을 지지했다. 이에 빈 라덴과 이슬람 전사들은 격분했다. 이 일로 미국과 서구 국가들을 향한 적의가 단번에 불타올랐다. 이슬람교의 총본산인 사우디아라비아에 미군이 주둔한 일은 이슬람 근본주의자들의 역린을 건드린 일이었다. 이렇게 이슬람 무장 세력의 미국에 대한 테러 전쟁이 시작되었다.

나오며

되풀이되는 역사에서
우리는 무엇을 배워야 할까?

종교는 고대부터 줄기차게 사회, 경제에 지대한 영향을 미쳐왔으며, 몇 번이고 인류에 큰 재앙도 가져왔다. 본래 종교는 사람들이 평화롭고 행복하게 살 수 있도록 하기 위해 존재한다. 종교 때문에 사람들이 서로 다투고 괴로워한다면 그야말로 본말전도本末顛倒이다. 이는 절대 과거의 일로 치부할 수 없다. 현대에도 여전히 종교 간의 대립이나 종교에 의한 수탈로 때때로 커다란 재앙을 불러일으킨다.

이 책에서 다룬 유대교, 기독교, 이슬람교, 불교는 구체적인 교리는 각각 다르지만 근본은 같다. 네 종교들 모두 공통적으로 '서로 돕는 정신'과 '우상숭배 금지'를 가르친다. 이는 각 종교의 근본 사상이기도 하다. 서로 돕는 정신이란 말 그대로 서로가 서로를 도와야 한다는 뜻이다. 우상숭배 금지는 누군가를 신격화하여 숭배하는 것을 금지한다는 말이다.

유대교에서는 신의 형상을 나타낸 그림이나 조각神像을 만들어 절하지 않는다. 기독교(가톨릭)도 탄생하고 한동안은 그리스도 상을 만들거나 그런 상에 절하는 일이 없었다. 불교 또한 지금은 불상에 절하는 것이 중요한 종교 의식이 되었으나 불교가 탄생한 뒤 오랫동안 불상을 만들지 않았다. 모두 우상숭배를 금지한다는 가르침을 어기고 신상을 만들어 절한 것이다. 이슬람교에서는 지금도 시조인 무함마드의 상이나 다른 상을 만드는 일을 절대 금지한다.

우상숭배 금지는 단순히 신상을 만들어 절하는 일을 금지하기 위해서가 아니라, '누군가를 신격화하여 숭배의 대상으로 삼지 말라'는 데 있다. 현재의 사이비 교단은 대부분 교주를 신격화하여 숭배하는 공통점이 있으며, 기독교나 이슬람교, 불교, 유대교의 가르침과는 정반대 편에 있다. 누군가를 우상숭배하면 모든 것을 그에 의존하면서 어느 순간 스스로 생각하지 않게 된다. 이런 상태는 자기 자신은 물론 사회에도 매우 큰 위험을 초래한다.

인생에는 어려움, 슬픔, 괴로움이 있기 마련이다. 그래서 많은 사람이 불안과 초조를 안고 살아간다. 신과 같은 존재에게 모든 것을 맡기고 싶은 마음은 어느 정도 이해가 간다. 하지만 타인에게 모든 것을 맡기면 자신의 사고가 멈춘다. 누군가를 신격화하여 숭배하면 그가 하는 말을 맹목적으로 따르게 되고, 이는 곧 자신의 의지를 잃어버리는 일으로 이어진다. 그리고 신격화된 사람을 제외한 다른 모든 사람의 생각은 아예 받아들이지 않게 된다.

사이비 교단의 문제도 꼼꼼하게 따져 보면 우상숭배와 연결되어 있다. 교주를 숭배하며 '교주의 말은 곧 신의 말씀'으로 믿고 따르다 보면 그 내용에서 벗어나지 못하며, 가족과 주변 사람들이 자신 때문에 어떤 고통을 겪든 아랑곳하지 않게 된다. 만약 스스로 생각하는 것이 가능했다면 절대 사이비 종교와 관련한 문제는 생기지 않았을 것이다.

각 종교의 신자들이 '서로 돕는 정신'과 '우상숭배 금지', 이 두 가지만이라도 잘 따른다면 종교로 인한 갈등과 다툼은 없어지지 않을까 싶다. 나아가 인류의 갈등이나 다툼도 사라지리라고 생각한다. 엄격한 교리를 철저히 지킨다 해도 이 두 가지를 지키지 않는다면 아무 의미도 없고 해악만 남을지도 모른다.

자신을 신격화하여 사람들에게 절대적 복종을 요구하는 '가짜 신'은 전 세계에 널려 있다. 신흥 종교의 교주뿐만 아니라, 기독교나 불교 같은 전통적 종교의 지도자, 정치인, 학자, 회사

종교의 흑역사

경영자 등 사회 곳곳의 주요 자리에 그런 사람들이 앉아 있기도 한다. 그러한 가짜 신은 역사상 인류에게 엄청난 재앙을 가져왔지만, 법률과 규정으로는 걸러낼 수 없다.

사람들의 마음속에 누군가를 신격화하여 그를 의지하고 싶은 마음이 있는 한 그들은 결코 사라지지 않는다. 그러나 한 사람, 한 사람이 그 누구도 신격화하지 않고, 자신의 인생을 스스로 판단한다는 우상숭배 금지 규칙을 지킬 수 있다면 가짜 신은 저절로 없어질 터이다. 더불어 인류를 끊임없이 괴롭혀 온 종교와 돈의 문제도 분명 해결되리라 믿는다. 내가 이 책에서 하고 싶었던 말은 바로 이것이다.

마지막으로 비즈니스사 가라쓰 다카시 씨를 비롯해 이 책이 나오기까지 애써 주신 모든 사람들에게 이 자리를 빌려 감사의 말을 전한다.

참고문헌

· 《강대국의 경제학》, 글렌 허버드·팀 케인 저, 김태훈 역, 민음사

· 《경제 강대국 흥망사 1500-1990》, 찰스 P. 킨들버거 저, 주경철 역, 까치

· 《고대 유대 사회사(古代ユダヤ社会史)》, 한스 G. 키펜베르크 저, 오쿠이즈미 야
  스히로 외 역, 교분칸

· 《고대 인도의 사상(古代インドの思想)》, 야마시타 히로시 저, 지쿠마신서

· 《국부론》, 애덤 스미스 저, 김수행 역, 비봉출판사

· 《금융의 세계사(金融の世界史)》, 이타야 도시히코 저, 신초선서

· 《기독교 봉인의 세계사(キリスト教封印の世界史)》, 헬렌 엘러베 저, 이자와 모
  토히코 감수, 스기타니 히로코 역, 도쿠마서점

· 《도해 서양경제사(図説西洋経済史)》, 이다 다카시 저, 일본경제평론사

· 《로스차일드 왕국(ロスチャイルド王国)》, 프레더릭 모턴 저, 다카하라 도미야스
  역, 신초선서

· 《바다의 영국사(海のイギリス史)》, 가나자와 슈사쿠 저, 쇼와도

· 《불교 백 가지 이야기(仏教百話, 増谷文雄著)》, 마스타니 후미오 저, 지쿠마문고

· 《불교, 진정한 가르침(仏教、本当の教え)》, 우에키 마사토시 저, 주코신서

· 《붓다의 말씀-숫타니파타(ブッダのことば~スッタニパータ)》, 나카무라 하지
  메 역, 이와나미문고

· 《붓다의 사람과 사상(ブッダの人と思想)》, 나카무라 하지메·다나베 요지·오무라
  쓰구사토 저, NHK북스

· 《서양의 지배와 아시아(西洋の支配とアジア)》, K. M. Panikkar K. M. 파니카르
  저, 히다리 히사시 역, 후지와라서점

· 《석존의 생애(釈尊の生涯)》, 나카무라 하지메 저, 헤이본샤

· 《성경 왜곡의 역사》, 바트 어만 저, 민경식 역, 청림출판

· 《세계 관세사(世界関税史)》, 아사쿠라 히로노리 저, 일본관세협회

· 《세금의 서양사(税金の西洋史)》, 찰스 애덤스 저, 니시자키 다케시 역, 라이프리
서치프레스
· 《아소카 왕과 그 시대(アショーカ王とその時代)》, 야마자키 겐이치 저,　주샤
· 《야마카와 상설 세계사 도록(山川詳説世界史図録)》(제4판), 기무라 세이지 외
감수, 야마카와출판사
· 《예수와 유다의 밀약》, 로돌프 카세르 외 3명 저, 김환영 역, 내셔널지오그래픽
(YBM시사)
· 《오스만 제국(オスマン帝国)》, 스즈키 다다시 저, 고단샤현대신서
· 《유대 이민의 뉴욕(ユダヤ移民のニューヨーク)》, 노무라 다쓰로 저, 야마카와
출판사
· 《토마스 복음서(トマスによる福音書)》, 아라이 사사구 저, 고단샤학술문고
· 《화폐의 역사》, 캐서린 이글턴·조나단 윌리엄스 저, 양영철·김수진 역, 말글빛냄
· 《황금의 세계사(黄金の世界史)》, 마스다 요시오 저, 고단샤학술문고
· 《회계는 어떻게 역사를 지배해왔는가》, 제이컵 솔 저, 정해영 역, 메멘토
· 《흥망의 세계사 오스만 제국 500년의 평화(興亡の世界史　オスマン帝国500年
の平和)》, 하야시 가요코 저, 고단샤학술문고
· 《힌두교(ヒンドゥー教)》, 모리모토 다쓰오 저, 주코신서
· 〈슌주(春秋)〉 2016년 3월호~2016년 12월호 기사 '자이나교와 불교', 호리타 가즈요
시 저, 슌주샤

우리가 지금까지 몰랐던 절반의 세계사

종교의 흑역사

인쇄일 2023년 7월 20일
발행일 2023년 8월 3일

지은이 오무라 오지로
옮긴이 송경원
펴낸이 유경민 노종한
책임편집 이지윤 김세민
기획편집 유노책주 김세민 이지윤 **유노북스** 이현정 함초원 조혜진 **유노라이프** 박지혜
기획마케팅 1팀 우현권 이상운 **2팀** 정세림 유현재 정혜윤 김승혜
디자인 남다희 홍진기
기획관리 차은영
펴낸곳 유노콘텐츠그룹 주식회사
법인등록번호 110111-8138128
주소 서울시 마포구 월드컵로20길 5, 4층
전화 02-323-7763 **팩스** 02-323-7764 **이메일** info@uknowbooks.com

ISBN 979-11-92300-75-7 (03900)